新时代高校思政课程与课程思政协同育人研究

王珏 寇翔 曹静 著

中国国际广播出版社

图书在版编目（CIP）数据

新时代高校思政课程与课程思政协同育人研究/王珏，寇翔，曹静著. --北京：中国国际广播出版社，2024.10. -- ISBN 978-7-5078-5700-9

Ⅰ. G641

中国国家版本馆 CIP 数据核字第 2024357CT8 号

新时代高校思政课程与课程思政协同育人研究

著　　者	王　珏　寇　翔　曹　静
责任编辑	霍春霞
校　　对	张　娜
封面设计	万典文化

出版发行	中国国际广播出版社有限公司
电　　话	010-86093580　010-86093583
地　　址	北京市丰台区榴乡路 88 号石榴中心 2 号楼 1701
邮　　编	100079
印　　刷	唐山唐文印刷有限公司
开　　本	787 毫米×1092 毫米　1/16
字　　数	185 千字
印　　张	10.5
版　　次	2024 年 10 月第 1 版
印　　次	2024 年 10 月第 1 次印刷
定　　价	78.00 元

（版权所有　翻印必究）

PREFACE 前 言

新时代背景下，高校教育不仅承担着传授知识、培养技能的任务，更肩负着培养社会主义合格建设者和接班人的历史使命。作为高校教育中的重要环节，思想政治教育在帮助学生树立正确的世界观、人生观和价值观中发挥着关键作用。然而，长期以来，传统的思想政治课程多依赖于单一的思政课，忽视了其他专业课程在思想政治教育中的潜在功能。这种单一化的模式容易造成思想政治教育与专业课程教学之间的割裂，无法有效实现育人的全覆盖和深层次渗透。

课程思政作为一种全新的教育理念，正是在这一背景下应运而生的。课程思政旨在将思想政治教育融入各类专业课程中，实现"全员、全课程、全过程"育人的目标，打破以往思政课程与专业课程"各自为政"的局面。通过将思政元素与专业知识有机结合，课程思政不仅能够深化学生的专业知识掌握，还能够培养其社会责任感、爱国情怀和创新意识，提升其综合素质。

本书旨在探讨新时代背景下高校思政课程与课程思政的协同育人模式，通过理论分析和实践研究，为高校的课程改革和教育创新提供理论依据和实践指导。本书从国内外研究现状出发，结合中国高校教育的现实需求，系统梳理了高校思政课程与课程思政协同育人的理论基础、发展历程及实施路径，深入探讨了如何在电气专业等工科类课程中有效融入思想政治教育，实现全方位的育人目标。

全书共分为八章。第一章为绪论，介绍了研究的背景与意义，梳理了国内外在该领域的研究现状。第二章探讨了高校课程思政与思政课程协同育人的相关理论，从理论基础、历史演进到相关概念的探讨，为后续研究奠定了坚实的理论基础。第三章着眼于协同育人的内容探究，强调了国际视野、人文素养和科学思维在专业课程中的重要性。第四章聚焦新时代背景下思政课程与课程思政的价值，分析其理论、现实和实践价值。第五章提出了新时代高校课程思政与思政课程协同育人的有效路径，着重从教师培养、环境氛围营造等角度进行了深入分析。第六章通过电气专业的课程思政与思政课程协同育人实践研究，展示了该模式在工科类专业中的实际应用效果。

　　本书不仅是对思政课程与课程思政协同育人的理论深化，也是对高校教育改革实践的积极回应。希望通过本书的研究，能够为高校在新时代育人目标的实现提供有力支持，推动中国高校在全球化竞争中培养出具备全球视野、社会责任感和创新能力的新时代人才。

作　者

2024 年 10 月

CONTENTS 目　录

第一章　绪论 ………………………………………………………………… 1
　第一节　研究背景与意义 ………………………………………………… 1
　第二节　国内外研究现状 ………………………………………………… 12
第二章　高校课程思政与思政课程协同育人的相关理论 ……………… 31
　第一节　高校课程思政与思政课程协同育人的理论基础 ……………… 31
　第二节　高校思政课程与课程思政的演进历程 ………………………… 38
　第三节　高校课程思政与思政课程协同育人相关概念概述 …………… 45
第三章　高校课程思政与思政课程协同育人的内容探究 ……………… 52
　第一节　国际视野内容教育 ……………………………………………… 52
　第二节　人文素养与专业课的融合 ……………………………………… 62
　第三节　科学思维与专业课的融合 ……………………………………… 70
第四章　新时代思政课程与课程思政的价值研究 ………………………… 77
　第一节　高校思政课程与课程思政协同育人的理论价值 ……………… 77
　第二节　推进思政课程与课程思政协同育人的现实价值 ……………… 85
　第三节　高校思政课程与课程思政协同育人的实践价值 ……………… 93
　第四节　培养新时代社会主义建设者与接班人 ………………………… 100
第五章　新时代高校课程思政与思政课程协同育人的有效路径 ……… 107
　第一节　培养高校教师队伍协同育人意识 ……………………………… 107
　第二节　统筹协同育人的部署设计 ……………………………………… 116
　第三节　营造协同育人的环境氛围 ……………………………………… 127
第六章　课程思政与思政课程协同育人的实践研究：以电气专业为例 …… 137
　第一节　电气专业课程思政的独特性与必要性 ………………………… 137
　第二节　电气专业课程思政的实践路径 ………………………………… 142

第三节 电气专业思政课程与专业课程的协同实践 …………………… 148
第四节 电气专业课程思政与思政课程协同育人的效果评估与优化 ………… 153

参考文献 ……………………………………………………………………… 161

第一章　绪论

思政课程与课程思政的协同育人，是当前高校教育改革的重要内容。随着新时代中国特色社会主义建设的推进，国家对高校人才培养提出了更高的要求，不仅要求学生具备扎实的专业知识和技术能力，还需要他们具备强烈的社会责任感、家国情怀和政治素养。课程思政作为一种创新的教育模式，旨在将思想政治教育有机融入各类专业课程的教学过程中，帮助学生在学习专业知识的同时，提升思想政治素养，以培养全面发展的高素质人才。

第一节　研究背景与意义

一、研究背景

（一）新时代背景下课程思政的提出与发展

1. 课程思政的提出背景

在中国特色社会主义新时代，教育作为国家发展的根基，承载着培养德智体美劳全面发展的社会主义建设者和接班人的重大使命。伴随中国教育现代化的推进，传统的思想政治教育模式已经难以完全适应培养高素质、创新型、责任型人才的需求。教育领域亟须一场全方位的改革，以适应社会对人才综合素质和社会责任感的要求。在这一背景下，课程思政作为教育领域的创新改革方向应运而生。

课程思政最早的理念是从"全课程育人"概念衍生出来的，强调思想政治教育不应局限于单一的思政课程，而是要渗透到各个学科、所有课程中。[①] 每一门课程不仅

---

① 刘鹤，石瑛，金祥雷. 课程思政建设的理性内涵与实施路径 [J]. 中国大学教学，2019 (3)：59-62.

要传授专业知识，还要承担相应的思想政治教育功能。这种理念一经提出，迅速得到教育界的广泛关注和讨论，成为深化教育改革、创新育人模式的重要路径。

2. 课程思政的发展历程

随着时代的发展和社会的进步，课程思政的理念在实践中不断深化和拓展。最初的课程思政实践主要集中在部分高校和部分学科，通过个别课程试点的方式进行探索。然而，随着课程思政在理论和实践上的不断积累，它逐渐从教育改革的一个具体措施发展为整个教育体系的系统性创新。

近年来，国家发布了一系列政策文件推动课程思政的深入实施。例如，2019年中共中央办公厅、国务院办公厅发布的《关于深化新时代学校思想政治理论课改革创新的若干意见》明确提出，"使各类课程与思政课同向同行，形成协同效应"。[①] 这一政策进一步强化了课程思政的重要性，并推动其从"个别探索"走向"全面推广"。

高等教育作为培养人才的关键环节，承载着落实"立德树人"根本任务的重要职责。如何在高等教育阶段通过各类课程实现思想政治教育，已经成为社会和学术界广泛讨论的课题。各大高校纷纷将课程思政纳入人才培养方案，并通过教师培训、课程设计创新、评价体系构建等多种方式，逐步将思想政治教育融入各个专业课程中。

3. 新时代课程思政的关键特征

（1）全员参与、全课程育人

课程思政强调"全员育人"的理念，要求所有教师、所有学科课程共同参与育人。无论是工科、理科、文科还是艺术类课程，都应通过专业知识教学，将社会主义核心价值观、职业道德、社会责任等思政内容有机融入课程中。每一位教师不仅是知识的传授者，也是育人的参与者和推动者。

（2）课程与思政课程的协同融合

课程思政并不是取代思政课程，而是与思政课程形成协同育人的关系。思政课程通过系统的理论教育，帮助学生树立正确的世界观、人生观和价值观，而课程思政则通过各类专业课程，将思政元素融入学生的日常学习中，使思想政治教育贯穿于每一个知识点和学习环节中，实现理论与实践的统一。

---

① 中共中央办公厅 国务院办公厅印发《关于深化新时代学校思想政治理论课改革创新的若干意见》［EB \ OL］.（2019-08-14）. https：// www.gov.cn/zhengce/2019/08/14/content_ 5421252. htm.

(3) 专业与德育的深度融合

课程思政的核心在于实现专业知识与德育的深度融合。这种融合不仅停留在知识层面的传授上，还要在学生的情感、态度、价值观等方面产生积极影响。例如，电气工程课程不仅要培养学生的技术能力，还要通过讨论技术伦理、能源可持续发展等问题，培养学生的社会责任感和环境保护意识。

（二）思政课程与课程思政的关系

1. 思政课程与课程思政的区别

（1）课程目标的差异

思政课程和课程思政在课程目标上存在明显差异。思政课程是传统的思想政治教育课程，旨在通过专门的课程传授马克思主义基本原理、社会主义核心价值观、党和国家的重要政策等内容。其主要目标是培养学生的政治素养、思想觉悟和社会责任感，帮助学生树立正确的世界观、人生观和价值观。

课程思政则不同，它的目标不仅是传授专业知识，还在于将思想政治教育融入各类专业课程的教学中，实现全课程育人。通过课程思政，学生在学习专业知识的同时，也能够潜移默化地接受思想政治教育，从而形成"专业教育与思想政治教育"相结合的育人模式。课程思政的最终目标是培养德才兼备的综合性人才。

（2）教学内容的差异

思政课程的教学内容集中于马克思主义理论、中国特色社会主义理论体系、道德教育和国家政策等，教学内容具有高度的理论性和政策性。思政课程的设计较为系统化，课程内容遵循学科体系的逻辑推进，帮助学生全面、深入地理解国家的政治思想体系和道德伦理规范。

课程思政则根据专业课程的特点，将思想政治教育有机融入专业课程教学中。每一门专业课程都有其独特的学科知识和实践内容，教师需要根据这些内容，结合社会责任、职业道德、科技伦理、爱国主义等元素，将思政教育与学科教学内容紧密联系。例如，在工科类课程中，可以通过探讨科技伦理、工程责任等问题，培养学生的社会责任感；在人文学科中，则可以通过对文化、历史事件的分析，提升学生的文化认同感和价值判断力。因此，课程思政的内容更加灵活多样，体现了不同学科的特点。

（3）教学主体的差异

在思政课程中，教学主体主要是思想政治教育领域的专职教师。这些教师具备扎实的马克思主义理论基础和丰富的政治理论知识，专门负责学生的思想政治理论教育。思政课程通常是独立开设的必修课程，在教育体系中有明确的授课对象和教学安排。

相比之下，课程思政的教学主体不仅仅限于思政课教师，而是所有专业课程的教师共同参与。专业课教师在传授专业知识的过程中，也承担起思想政治教育的职责。这种全员参与的模式要求专业教师不仅要具备较高的专业知识水平，还要具备一定的思想政治素养和育人意识。通过这种全员育人的模式，教师在各类课程中都能对学生进行思想引导，使育人工作覆盖到整个教育体系。

（4）受众对象的差异

思政课程的受众是所有高校学生，无论专业背景如何，每一位学生都必须修读一定学分的思政课程。这种设计确保了每个学生都能够在理论上接受全面的思想政治教育，是国家教育体系中的重要一环。

课程思政的受众更为广泛，因为它涵盖了所有学科的学生。无论是理工科、文科，还是艺术类、医学类学生，都能够通过课程思政在专业学习中接受思想政治教育。每一门课程都承担着育人的责任，因此课程思政的覆盖面极广，几乎涵盖了学生学习的所有方面。其目标是在不同学科背景下，帮助学生形成既具备专业知识又具有社会责任感的综合素质。

2. 思政课程与课程思政的联系

（1）共同的育人目标

虽然思政课程与课程思政在形式和内容上存在差异，但两者的根本目标是一致的，都是为了实现"立德树人"的教育根本任务。思政课程侧重于通过专门的理论课程帮助学生构建系统的思想政治理论框架，增强学生的政治觉悟和理论素养。课程思政则通过将思想政治教育融入专业课程，潜移默化地引导学生树立正确的价值观和责任意识。两者共同作用，帮助学生在理论学习和专业实践中形成完整的思想政治素质。

（2）课程思政是思政课程的延伸与拓展

思政课程是高校思想政治教育的主渠道，它的教育内容和目标明确，是思想政治教育的核心课程。课程思政则是在这一基础上的延伸与拓展。它将思想政治教育从思政课程拓展到各个专业课程，实现了从"单一课程育人"到"全课程育人"的转变。这种延伸不仅拓宽了思想政治教育的覆盖面，还增强了思想政治教育的实效性，让学生在学习专业知识的同时，受到思想引导和价值观教育。

（3）协同育人的有效模式

思政课程与课程思政共同构成了高校思想政治教育的协同育人模式。思政课程通过系统的理论讲授，为学生提供思想政治理论基础；课程思政则通过各类专业课程的教学，将这些理论进一步深化，并与学生的专业学习相结合。这种协同育人模式使思想政治教育不再是割裂的、孤立的课程，而是贯穿于学生学习全过程的育人体系，形成了全方位、多层次的教育格局。

在新时代背景下，思政课程与课程思政相辅相成，构建了全员、全程、全方位育人的教育体系。思政课程承担着核心的理论教育任务，课程思政则通过各类专业课程的教学，将思想政治教育与专业知识有机结合，打破了学科之间的壁垒，实现了全面育人的目标。两者的有效结合，不仅提升了学生的政治素养，也培养了具备综合素质的新时代建设者与接班人。

（三）新时代教育理念下的人才培养需求

1. 社会对复合型人才需求的增加

在新时代背景下，全球化、科技进步和社会转型使各行业对高素质、复合型人才的需求愈加迫切。传统的专业技能培养已经难以完全满足现代社会对人才的要求，尤其是在人工智能、信息技术、绿色能源等新兴领域，社会需要具备高度责任感、创新精神和全球视野的综合性人才。[①] 人才培养不再仅仅局限于知识的传授，而是要求在专业教育中融入思想政治教育，培养学生的社会责任感、道德素养、创新能力和国际视野，从而应对复杂的社会挑战。

（1）高度社会责任感的要求

在当前社会变革和经济全球化的背景下，个人行为对社会、环境和经济的影响日益显著。无论是在科技领域、商业管理领域，还是公共服务领域，从业人员的决策和行为往往会对社会的长远发展产生深远影响。因此，新时代教育必须培养学生的责任意识，使其认识到自己的专业工作不仅是个人职业的选择，更是一种社会责任的体现。

---

① 刘珥婷. 工程教育专业认证背景下思政课改革研究 [D]. 成都：西南交通大学，2016.

尤其是在涉及公共安全、环境保护、能源利用等方面，电气、工程、医学等专业的学生应具备高度的职业道德和社会责任感，确保其未来的职业行为能够为社会带来积极的影响。

（2）创新精神的需求

创新是推动社会进步和经济发展的核心动力。在知识经济时代，科技创新的速度不断加快，社会需要能够进行前瞻性思考、主动适应变革并不断创新的复合型人才。为了应对这一需求，新时代教育必须在课程体系中融入创新思维的培养，引导学生超越传统的知识框架，敢于突破现有技术和理论的局限，积极参与创新实践。课程思政在这一过程中扮演着重要角色，帮助学生在创新过程中保持清晰的道德准则，避免盲目追求科技进步而忽视社会责任和伦理问题。

（3）全球视野的培养

全球化进程的加速，使国家之间的经济、政治、文化联系更加紧密。未来的复合型人才不仅要具备本土化的专业知识，还需要具备全球视野，能够在全球背景下思考和解决问题。新时代的高等教育需要通过课程思政培养学生的国际视野，使他们能够理解全球化带来的机遇与挑战，具备跨文化沟通能力和全球责任感。例如，在国际贸易、环境保护、科技合作等领域，未来的专业人才必须能够从全球视角出发，做出符合国际规范和道德标准的决策。

2. 融入思想政治教育，培养全面发展的学生

为了应对上述人才需求的变化，新时代教育理念不仅要求学生在专业领域有所精通，还要求他们在思想政治素养上有较高的认知水平和实践能力。思想政治教育与专业教育的结合，能够帮助学生形成全面的能力结构，涵盖知识技能、思维方式和价值观念的全面提升。

（1）在各类专业课程中融入思想政治教育的必要性

传统的思政教育主要依赖于独立的思政课程，而专业课程更多聚焦于技术知识和实践技能。这种二者分离的模式在一定程度上削弱了学生在专业学习中的社会责任感和道德意识。新时代教育理念强调课程思政的关键在于将思想政治教育有机融入所有专业课程中，使每一门课程不仅是知识传授的工具，还是培养学生思想道德、社会责任感的载体。

通过在各类专业课程中融入思政元素，教师可以结合学科特点引导学生从不同的

角度思考社会问题。例如，在经济类课程中，教师可以通过分析经济现象背后的伦理问题，探讨经济活动对社会发展的正面和负面影响；在医学类课程中，讨论医德、病患关系等问题，从而培养学生的社会责任感和职业道德意识。通过这种方式，学生不仅能够在学术上精进，更能在人格上得以完善，成为德才兼备的社会栋梁。

（2）课程思政的具体实践路径

融入思想政治教育的核心在于如何将课程内容与思政教育目标有效结合。具体实践路径包括以下几个方面。

第一，在课程设计中明确思政目标。在专业课程的教学设计阶段，教师应当结合该课程的专业特点，制定明确的思政教育目标。例如，在工程类课程中，可以引导学生关注工程项目的社会影响和环境影响；在管理类课程中，强调企业社会责任和商业伦理。

第二，引入实际案例与社会问题讨论。通过引入真实的社会问题和案例，增强学生对知识应用与社会现实之间关系的理解。例如，在法律类课程中，通过案例分析讨论正义与公平问题，帮助学生理解法治的社会意义；在环境科学课程中，结合当前的全球气候变化问题，探讨环保责任与可持续发展的重要性。

第三，跨学科合作的课程设置。思想政治教育与专业课程的结合需要打破学科壁垒，鼓励跨学科合作。例如，工科课程可以与人文学科、社会科学课程合作，组织跨学科的课程模块，提升学生对专业知识和社会问题的多维度理解。

第四，教师在教学中的引导与渗透。教师在专业课程中的作用不仅是知识的传授者，还应是学生思想政治教育的引导者。教师在课堂教学中，可以通过问题引导、案例讨论和互动式教学等方式，帮助学生在学习专业知识的同时，思考专业知识背后的社会意义和道德责任。

（3）全面发展的学生培养目标

新时代背景下，全面发展的学生不仅需要具备扎实的专业知识和技能，还需要拥有正确的价值观、坚定的理想信念和高度的社会责任感。[①] 通过课程思政的融入，学生能够在知识、能力、思想、人格等多个维度上获得平衡发展。这样的培养模式，不仅能够帮助学生在学术和职业道路上取得成功，也使他们能够在未来的社会生活中成为有担当、有责任、有理想的社会主义建设者和接班人。

---

① 冯留建，刘国瑞. 习近平新时代青年发展观论析［J］. 思想教育研究，2018（11）：3-7.

课程思政与思政课程协同育人，最终的目标是构建一套全面、立体、融合的育人体系，确保思想政治教育与专业教育相辅相成、互为支撑，培养出适应新时代需求的复合型人才。这样的教育模式不仅能够满足社会对人才的需求，还能推动学生的全面发展，为国家和社会的长远发展提供坚实的人才保障。

在新时代教育理念下，课程思政的提出与发展正是对社会需求和人才培养现实的深刻回应。通过在各类专业课程中融入思想政治教育，培养具备高度责任感、创新精神和全球视野的复合型人才，不仅能够满足社会对高素质人才的迫切需求，也为学生的全面发展提供了更加完善的教育路径。

二、研究意义

（一）理论意义

1. 补充和拓展思想政治教育的理论体系

本书从理论层面对课程思政与思政课程的结合进行深入探讨，为思想政治教育领域的理论发展提供重要补充。传统的思想政治教育理论体系往往集中于单一课程的教育功能，主要依赖思政课程这一专门的教育载体。然而，随着教育改革的深入推进，社会对人才的需求已经从知识层面的传授转向更为全面的综合素质培养。课程思政的提出，正是在这样的背景下应运而生，强调了"全员育人"和"全课程育人"的理念，突破了传统思想政治教育局限于思政课程的框架，拓展了思想政治教育的理论维度。

课程思政通过将思想政治教育与各类专业课程进行有机融合，改变了以往思想政治教育的单一形式，赋予了专业课程新的育人功能。不同学科之间的协同作用，使思想政治教育不再局限于某一特定课程，而是渗透于整个教学体系中，涵盖了从自然科学到人文社会科学等各类课程。这一模式不仅拓宽了思想政治教育的实施途径，也丰富了思想政治教育的理论内涵。通过研究课程思政与思政课程的结合，能够探索出更系统、更完整的思想政治教育理论模型。这种理论模型能够揭示不同学科在育人过程中的协同作用，打破思想政治教育与专业知识教学之间的隔阂，实现教学的高度融合。

从这个角度来看，课程思政不仅是对现有教育模式的补充，更是思想政治教育理论的重要拓展。这一新的教育模式强调了思想政治教育不仅仅是单一课程的责任，而是全体教师、全课程、全环境共同承担的育人任务。通过全课程、多维度的育人视角，课程思政为思想政治教育理论的发展注入了新的活力，并为如何实现全员、全方位的思想政治教育提供了理论依据与操作框架。因此，课程思政理论的建立，标志着思想政治教育进入了一个新的阶段，打破了学科之间的壁垒，将思想政治教育的视野和边界拓展至整个学科体系。

2. 为后续研究提供理论依据和参考

随着课程思政与思政课程协同育人模式逐渐成为教育改革的核心方向，理论研究的深入不仅能够为当前的教育实践提供指导，也将为未来的教育发展奠定坚实的理论基础。当前，如何有效地将思想政治教育融入各类专业课程，如何在协同育人中发挥思政课程与专业课程的各自优势，是教育研究的重要课题。本书通过系统分析课程思政与思政课程之间的关系，探索二者在育人功能上的互补性，揭示出其协同育人的实施路径，将为后续研究提供可借鉴的理论框架和参考标准。

首先，通过对课程思政与思政课程的功能互补性进行深入探讨，本书将帮助教育工作者更好地理解课程思政与思政课程的定位和作用。例如，思政课程作为思想政治教育的核心课程，主要承担的是系统化、理论化的价值观培养任务；课程思政则通过各类专业课程的日常教学渗透思想政治教育内容，帮助学生在具体的学科背景中体会思政教育的实际意义。因此，二者在教育功能上具有高度的互补性，本书将通过理论分析揭示出这种互补性的具体表现，帮助学校设计更加科学、合理的教学体系。

其次，本书将为未来的实践探索提供坚实的理论依据。随着理论研究的深化，课程思政与思政课程协同育人的模式将逐步完善，为更多学校提供可操作的实践路径。教育实践者可以根据本书提出的理论框架，灵活地将思政元素嵌入不同的学科教学中，设计出符合本校特色的思政教育方案。此外，本书还将通过分析已有的教育改革案例，为后续研究提供具体的实施标准和实践建议。这些理论与实践的结合，能够有效推动教育理论与实际教学的深度融合，使课程思政理念在更广泛的教育领域得到应用。

总的来说，课程思政的理论研究不仅是对当前教育实践的总结和反思，更是对未来教育改革的有力支持。通过理论研究，教育工作者可以更好地理解课程思政的深层次内涵，探索出科学合理的实施路径，进而推动整个教育体系的完善与创新。本书提供的理论依据和参考标准，将为今后的教育改革奠定重要的理论基础，为教育实践者的教学探索提供了宝贵的资源和指导。

（二）实践意义

1. 提高高校教师的课程育人意识

在当前教育改革的背景下，高校教师的角色正在发生重要转变，他们不仅仅是专业知识的传授者，也承担着重要的育人职责。思想政治教育不再是思政课教师的专属任务，而是每位教师在专业教学过程中都需要自觉融入的责任。课程思政的核心理念在于"全员育人"，要求各类学科的教师通过教学内容、教学方法的巧妙设计，将思想政治教育的元素自然融入专业课程中，使思想政治教育成为学生成长过程中潜移默化的重要环节。

通过研究课程思政与思政课程的结合，本书旨在提高高校教师对课程育人重要性的认识，促使他们认识到课程思政不仅仅是思政课教师的职责，更是所有教师共同的任务。教师在教学中不仅应关注学生的知识积累与技能掌握，还应引导学生树立正确的世界观、人生观和价值观。例如，在电气工程等工科课程中，教师可以结合国家能源安全、技术创新与社会责任等主题，帮助学生认识到自己的技术能力如何与国家发展、社会进步相结合，进而增强他们的社会责任感与使命感。

通过提升教师的课程育人意识，他们在日常教学中将更加自觉地融入思想政治内容，不再将思政教育视为额外的负担，而是作为教学目标的重要组成部分。高校教师通过深刻理解课程思政的育人功能，能够设计出更有思想性、教育性的课程内容，进而为"立德树人"的根本任务奠定坚实的基础。思想政治教育将不再是单一课程的任务，而是所有课程共同承载的育人使命。这种教育理念的转变将极大推动高校育人工作的深入开展。

2. 推动高校课程体系改革

高校课程体系的改革是实现课程思政与思政课程协同育人的关键路径之一。传统的高校课程体系更多关注学科知识的系统化与专业能力的培养，而在思想政治教育的融入方面往往较为薄弱。随着课程思政理念的提出，如何在不同学科、不同课程中有效融入思政教育内容，成为课程改革的核心课题之一。本书通过对课程思政的实施策略和路径进行系统探索，能够为高校课程体系的改革提供可行的建议和具体的实施方案，推动高校课程体系朝着"全课程育人"的方向发展。

通过实践研究，本书能够明确在不同学科中如何合理融入思政教育内容。例如，在文科类课程中，教师可以通过文学作品的社会背景、历史事件的分析等方式，帮助学生理解历史进程与思想变化的关系；在理工类课程中，教师可以通过实际案例的分析，引导学生认识到技术创新与社会发展的双向关系。无论是人文社会科学，还是自然科学与工程技术，思政教育都能够通过课程内容、案例教学等方式，帮助学生提升思想政治素养。

高校课程体系改革的另一个重要内容是教学方法的创新。在课程思政的框架下，传统的"灌输式"教学方式将逐渐被互动式、探究式教学取代。教师可以通过设置开放式问题、引导学生参与讨论，或者通过案例分析、小组合作等方式，使学生在解决实际问题的过程中理解社会责任、国家利益与个人发展的深层关系。例如，教师可以组织学生讨论能源危机、环境保护等全球性问题，引导他们从技术创新、社会责任等多维度思考问题的解决方案。通过这种方式，课程不再仅仅是知识传授的场所，更是思想交锋、价值塑造的课堂。

此外，教学评价的改革也是推动课程体系改革的重要一环。传统的考试成绩评价方式过于单一，难以全面评估学生在思政教育中的成长。因此，本书提出通过多元化的评价方式，如项目展示、社会实践报告、课堂讨论等，综合评估学生在思政教育中的表现和收获。这种多元化的评价方式，不仅能够全面反映学生的知识掌握情况，还能够衡量他们在社会责任感、团队合作、创新思维等方面的进步，确保思想政治教育与专业教育相结合，真正实现育人效果的最大化。

通过本书提出的实践建议，高校可以在课程设计、教学方法、评价体系等方面进行全方位改革，推动课程思政理念在各类课程中的广泛应用。课程体系改革将促使高校教师更加注重课程中的思政元素设计，帮助学生在学习知识的同时，树立正确的价值观念，形成健康的思想品德。这不仅提升了课程的教学质量，也为学生的全面发展奠定了坚实基础。最终，高校将通过课程体系的改革，培养出更多既具备专业能力，又具备高度社会责任感和爱国精神的综合型人才。

（三）社会意义

1. 提升社会整体的思想政治素质

课程思政的实施，不仅能够提升学生的专业素养，还能通过全课程育人的模式提升学生的思想政治素质。本书通过深入分析课程思政与思政课程的结合机制，有助于培养一批具备正确价值观、社会责任感和创新精神的青年人才。这类人才将成为推动社会进步的重要力量，能够在不同的行业中发挥积极作用，从而提升社会整体的思想政治素质，形成一个有责任感、道德感和使命感的社会群体。

2. 培养符合社会发展需求的创新型人才

新时代背景下，社会对创新型人才的需求愈加迫切。通过课程思政与思政课程的结合，本书旨在探索如何培养既具备扎实专业技能，又具备高度社会责任感和创新精神的复合型人才。创新精神和责任意识是现代社会对人才的基本要求，课程思政的实施将使学生在学习专业知识的同时，也具备服务社会、推动创新的能力。这种教育模式能够培养出符合社会发展需求的优秀人才，促进国家的科技进步和社会的可持续发展。

3. 加强社会各界对教育改革、人才培养的关注与参与

课程思政的研究不仅对教育界具有重要意义，也关系到整个社会对教育改革和人才培养的关注。本书通过深入探讨课程思政的理论和实践，能够推动社会各界更加关注教育的改革方向，特别是在思想政治教育方面的创新与突破。政府、企业、社会团体等各方力量的参与，不仅有助于形成课程思政的社会共识，也能够为课程思政的推广和深化提供支持与资源，进而共同推动教育的持续创新与发展。

第二节　国内外研究现状

一、国内研究现状

（一）课程思政的起源与理论研究

1. 课程思政的起源

课程思政作为一种新的教育理念，源于2014年后上海市相关高校的实践探索。其提出旨在解决大学生思想政治教育中的"孤岛"现象，尤其是解决思想政治理论课与其他专业课程之间的脱节问题。[1] 传统的思政教育多局限于思想政治理论课程，与专

---

[1] 赵继伟．"课程思政"：涵义、理念、问题与对策［J］．湖北经济学院学报，2019，17（2）：114-119．

业课程相对独立，导致学生的思想政治教育难以在日常学习中得到全面、深入的渗透和延续。为了解决这一问题，教育界逐渐提出了"课程思政"这一概念，通过挖掘各类专业课程中蕴含的思想政治教育资源，实现思想政治教育在所有课程中的全方位融入，形成"全员、全过程、全方位"育人模式。

"课程思政"理念的兴起和推广得到了教育部和国家政策的明确支持。上海高校的相关探索引起了全国范围内的广泛关注，也得到了教育部的重视。教育部多次在颁布的文件、通知以及领导讲话中提到"课程思政"。课程思政的提出，标志着我国高校思想政治教育从单一学科教学向多学科、多层次渗透的转型，是思想政治教育领域一次重要且创新的变革。

2. 理论研究的集中领域

国内关于课程思政的理论研究最初集中于思想政治教育学科。许多学者围绕这一理念的提出背景、基本概念和理论框架展开讨论。这类研究主要关注如何将思想政治教育融入专业课程中，探索思想政治教育和专业教育之间的有机结合。研究者从不同的教育理论视角出发，提出了课程思政的核心理念和教育目标。

（1）核心理念

课程思政的核心理念是"全课程育人"，即通过各类专业课程传递思想政治教育的内容，使每一门课程都成为思想政治教育的载体。这一理念强调教育不仅仅是知识的传授，更要通过知识教学潜移默化地影响学生的思想和价值观，培养其社会责任感和道德素养。课程思政要求所有教师都成为育人的主体，使思想政治教育从"专门教师、专门课程"的局限中解放出来，变为"所有教师、所有课程、所有时段"的全员育人过程。

（2）理论框架

研究者逐步构建了课程思政的理论框架，认为课程思政应当从课程设计、教学内容、教学方法和课程评价等多个方面进行系统性思考。其理论框架主要包含三个层次。

①宏观层次：课程思政的宏观层次主要是国家教育政策和学校教育目标的要求，确保思想政治教育贯穿于整个教育体系。研究者认为，课程思政的实施需要政策的引导和制度的保障，确保其在教学中具有长效性和广泛性。

②中观层次：这一层次强调学校层面的组织与管理，要求高校建立健全的课程思政实施机制，推动不同学科之间的协同育人，确保各类课程都能够有机融入思政教育内容。

③微观层次：课程思政的微观层次聚焦于具体课程的设计与实施，强调教师在教学内容中融入思想政治教育要素，探讨如何通过课堂教学和互动让学生理解社会责任、职业道德等。

3. 多学科视角的渗透与扩展

近年来，随着课程思政理念的推广和实践，相关研究逐步从单一的思想政治教育学科向其他学科领域渗透，涉及教育学、管理学、心理学等多个学科。这种跨学科的研究视角极大地拓展了课程思政的理论深度和广度。

（1）教育学领域的研究

教育学领域的学者关注课程思政的教育功能和育人效果。他们研究如何通过课程设计与教学策略，在不同学科中融入思想政治教育的内容，从而实现学生德智体美劳全面发展。教育学研究者还探讨了课程思政对教育模式的变革作用，认为课程思政能够有效促进教师教学理念的更新，推动从知识传授型教学向价值引导型教学的转变。

（2）管理学领域的研究

管理学领域的研究者主要探讨如何从学校管理层面推进课程思政的实施。他们关注学校如何通过制定有效的管理机制、组织结构、教师评价制度等，确保课程思政的可持续发展。管理学的研究还涉及高校内部跨学科、跨部门合作的模式，探讨学校如何整合资源，推动思政课程与专业课程的协同育人机制。

（3）心理学领域的研究

心理学研究者在课程思政领域的探索主要集中于学生的心理发展与思想政治教育的关系。他们研究如何通过课程思政影响学生的价值观念、情感态度和心理发展，强调思政教育的情感引导功能。心理学研究表明，学生在接受思想政治教育时，其情感和认同的建立过程是复杂的。因此，课程思政的实施需要充分考虑学生的心理发展特点，采用更加灵活的教学方法。

总体来看，国内关于课程思政的理论研究经历了从思想政治教育学科为主，逐渐向多学科交叉融合的过程。这一研究发展不仅丰富了思想政治教育的理论体系，也为课程思政的实际操作提供了更加多样化的路径。随着更多学科的参与和理论的深化，课程思政的理论框架日趋完善，为其在高校中的广泛实施奠定了坚实的理论基础。未来，随着研究的进一步深入，课程思政有望在教育改革中发挥更加重要的作用，实现全课程、全方位育人的目标。

（二）课程思政的实践研究

1. 高校课程思政实践的探索

近年来，随着课程思政理念的深入推进，国内各大高校已经陆续在不同课程中开展了广泛的实践探索。课程思政作为教育改革的重要方向，其核心在于将思想政治教育融入专业课程，达到"全员育人、全过程育人、全方位育人"的目标。各高校结合自身学科特点，积极创新教学模式，通过多种实践路径，将思政元素有机融入各类学科课程中，以期实现思想政治教育与专业教育的深度融合。

（1）不同类型高校的探索实践

各类高校基于其学科背景、学生特点和办学定位，探索了多种课程思政的实践模式。例如，工科类院校通过将工程伦理、技术责任等融入专业课程，使学生在掌握专业技能的同时，树立社会责任感和职业道德观；文科类院校则注重在课程中探讨文化自信、历史责任等思政内容，引导学生提升思想境界和文化认同感。此外，综合性大学通过跨学科课程设计，使思想政治教育内容更加丰富和多样。

（2）教学模式的改革与创新

为了实现课程思政的有效实施，许多高校积极推动教学模式的改革与创新。传统的教学方式往往以知识传授为主，课程思政要求教师不仅要传授专业知识，还要在教学中引导学生的思想成长。因此，许多高校在教学方法上做出了创新，如案例教学、情境教学、项目式学习等，帮助学生在解决实际问题的过程中融入思政教育。例如，在法学课程中，通过模拟法庭的方式，让学生在真实情境下感受到法治的重要性和社会正义的价值；在医学课程中，通过患者案例讨论，让学生认识到医德和患者关怀的重要性。

（3）思政元素与专业课程的自然融入

各高校在课程思政实践中，尤其注重如何在不削弱专业性的前提下，将思想政治教育内容有机融入课程中。这需要教师具备较高的教学设计能力和对学科与思想政治教育相结合的理解。实践中，各类学科课程纷纷找到适合自己学科特点的思政融入方式。例如，工科类课程强调工程师的责任与科技伦理问题；经济类课程则融入企业社会责任与商业道德的讨论；文学类课程通过文本分析引导学生反思历史文化中的价值观。

2. 课程思政实践中的重点探索方向

（1）学科专业性与思政教育的平衡

如何在保持学科专业性的同时融入思想政治教育，是课程思政实践研究中的主要方向之一。在教学中，如果思政内容过于突出，可能会影响专业知识的传授；如果思政内容过少，则无法达到"立德树人"的目标。因此，高校在课程设计中不断探索如何在两者之间找到平衡。

一个典型的例子是在理工科课程中，课程内容往往以技术性知识为主，但同时也涉及技术应用的社会影响和伦理问题。教师可以在专业知识的传授过程中，通过引入现实中的案例，如能源危机、环境保护、人工智能伦理等问题，启发学生思考技术发展与社会责任的关系。这种方式不仅不会影响学生对技术知识的学习，反而能加深他们对专业的理解，使他们意识到作为未来从业者应承担的社会责任。

（2）思政元素在不同学科中的适应性探索

不同学科的特点决定了其课程内容与思政元素的结合方式也会有所不同。实践研究中，各高校根据不同学科的特点探索了多种融入方式。

①工科类课程：以工科课程为例，工科学生未来的职业发展往往与公共安全、技术伦理等密切相关。因此，许多高校在工科课程中融入了有关技术责任、工程伦理、可持续发展等思政内容。例如，在"机械设计"课程中，通过探讨技术创新的社会影响，强调工程师的社会责任和创新意识。

②文科类课程：在文科类课程中，思政教育的融入更加自然。例如，在"文学作品分析"课程中，教师可以通过分析经典文学作品中的思想文化背景，引导学生思考历史、民族、国家等重要议题，增强文化自信和民族认同感。在历史类课程中，教师通过讲述重大历史事件，引导学生反思历史责任和现实担当，增强对社会主义核心价值观的认同。

③经管类课程：在经济管理类课程中，课程思政的重点是引导学生树立正确的商业伦理观和社会责任感。例如，在"企业管理"课程中，教师可以通过案例讨论企业社会责任的内容，使学生认识到经济活动不仅是追求利润的行为，还应兼顾社会福利和可持续发展。

（3）教师在课程思政中的角色转变

课程思政的实践对教师的要求提出了新的挑战。传统的教学模式中，教师主要承担专业知识传授的任务，而在课程思政中，教师还需承担思想政治教育的责任。这要求教师不仅要有扎实的专业知识，还需要具备较高的思想政治素养，并能够敏锐地捕捉课程中的思政元素，巧妙地将其融入教学过程。因此，许多高校通过教师培训、教学研讨等方式，帮助教师提升其课程思政的教学能力。

教师在课程思政中的角色也发生了转变，从知识的传授者变成了"全员育人"的参与者和引导者。在课堂上，教师通过引导学生进行思考、讨论、反思，不仅帮助学生掌握了专业知识，还培养了他们的社会责任感、道德意识和价值判断能力。

3. 课程思政实践中的创新成果

经过几年的实践探索，许多高校在课程思政实施中取得了显著的创新成果。一些高校通过跨学科的合作，开发出多元化的课程思政案例库和教学资源库，为教师提供了丰富的教学参考。与此同时，许多高校通过教学评价、学生反馈、课堂观察等方式，不断优化课程思政的实施策略，积累了大量实践经验。

（1）课程思政案例库的建立

一些高校结合专业特点，建立了适用于不同学科的课程思政案例库。这些案例库不仅为教师提供了具体的思政融入思路，还涵盖了各类专业领域的最新社会问题，确保课程内容与现实社会保持密切联系。例如，针对环境科学类专业的课程思政案例库，汇集了环保领域的技术创新与社会影响问题，为教师提供了丰富的教学素材。

（2）多元评价机制的运用

在课程思政的实践中，一些高校通过多元化的评价机制，确保课程思政的实施效果得到充分的检验。例如，部分高校引入了学生评价、同伴观察、教学督导等多维度评价手段，通过不同角度评估课程思政的实际效果。这不仅有助于发现问题，还能为后续的课程改进提供依据。

课程思政的实践研究已经在国内各大高校取得了显著的进展。通过改革与创新，各类学科课程正在探索如何在保持专业性的同时融入思想政治教育内容，使思想政治教育真正贯穿于教学全过程和各个学科。未来，随着课程思政的进一步推广和深化，更多的实践成果将不断涌现，推动高校教育模式的持续发展，实现全方位育人目标。

（三）思政课程的改革与创新

1. 传统思政课程的革新背景

随着中国社会的发展和教育环境的变化，传统的思政课程教学模式逐渐暴露出一定的局限性。在以往的思政课程教学中，常常存在教师单向灌输、学生被动接受的现象，导致学生对思政课程的兴趣不高，教学效果不理想。随着新时代教育理念的提出，社会对思想政治教育的要求日益提高，高校迫切需要改革传统的思政课程教学模式，提升其育人效果。

近年来，思政课程教学模式逐渐从传统的"填鸭式"教学向更加注重互动性、参与性和情境教学的方向转变。这一变革不仅是对教学形式的调整，更是对思政教育理念的深刻反思与创新。通过革新教学内容和教学方式，思政课程在新时代背景下焕发出新的活力，旨在更好地服务于"立德树人"的根本任务，帮助学生构建正确的世界观、人生观和价值观。

2. 思政课程教学模式的改革

（1）互动性教学的增强

为了提升学生对思政课程的参与感和学习积极性，互动性教学方法得到了广泛应用。传统的讲授式教学模式容易导致课堂氛围沉闷，学生参与度不高。为了改变这一现状，许多高校开始通过师生互动、讨论式教学等方式，让学生能够主动参与课程内容的学习和讨论中。

教师在讲授过程中，不再是单纯的知识传递者，而是引导学生思考、讨论的引导者。在教学过程中，教师通过提问、课堂讨论、案例分析等方式，引导学生参与课堂讨论中。例如，教师在讲解中国特色社会主义时，可以通过设置开放性问题，让学生分享他们对社会现象的看法，激发学生的思考和讨论。

分组讨论是互动式教学的一种有效手段。教师将学生分为小组，围绕某一特定问题进行讨论，并要求学生在讨论后总结发言。这样的教学方式不仅能提升学生的参与感，还能培养他们的团队合作精神和逻辑思维能力。例如，在探讨"社会主义核心价值观"时，学生可以通过分组讨论分析其在当代社会的具体体现和应用。

角色扮演是增强互动性的一种有效方式。教师可以根据教学内容设计情景，让学生扮演不同的角色，模拟特定的社会情境。例如，在讲解法律与道德的关系时，学生可以分别扮演法官、律师、普通民众等角色，讨论和模拟社会矛盾的解决过程，从而加深对理论的理解。

（2）参与性教学的加强

参与性教学要求学生不再是被动接受知识的主体，而是课程学习的主动参与者。

为了提升学生的学习参与度,许多高校思政课程引入了项目式学习、社会实践等教学方式,使学生在实际参与中更好地理解课程内容。

教师可以根据思政课程的教学目标,设计具体的项目任务,要求学生在完成项目的过程中主动学习。例如,在"生态文明建设"主题的教学中,教师可以设计一个项目任务,要求学生对校园内的垃圾分类现状进行调查,并提出改善建议。在完成项目的过程中,学生不仅要应用课程中的理论知识,还要通过社会调研获得实际数据,提升他们解决实际问题的能力。

思政课程改革中,越来越多的高校将社会实践纳入课程体系,要求学生通过社会调查、志愿服务等形式,切实感受社会现实问题,增强他们的社会责任感和使命感。例如,在"新时代青年与社会责任"课程中,学生可以参与社区服务、社会公益活动,增强对社会问题的认知和理解,从而更好地内化思政课程中的理论内容。

(3) 情境教学的引入

情境教学是近年来思政课程改革中广泛应用的一种教学方式。情境教学通过模拟现实生活中的场景,将理论教学与实际情境结合,使学生更好地理解理论知识在现实生活中的应用。

教师通过引入现实生活中的经典案例,将抽象的理论知识转化为具体的实践问题,增强课程的现实感和实效性。例如,在讲解"法治与德治"的关系时,教师可以通过分析当下的社会热点案件,如环境污染、食品安全等,帮助学生理解法治在维护社会秩序中的重要性。

情景模拟法通过构建接近真实的社会情境,帮助学生在实践中理解和运用理论知识。例如,在"社会主义市场经济理论"教学中,教师可以设计一个模拟商业决策的情景,让学生分别扮演企业家、政府官员、消费者等角色,讨论市场经济中的利益平衡问题。这样的教学不仅提升了学生的参与度,也使学生能够在模拟中体验和反思社会现象,从而深化理论的学习。

3. 思政课程内容的创新与生活化

(1) 贴近学生生活的课程内容设计

为了增强思政课程的吸引力和实效性,课程内容的设计需要更加贴近学生的生活实际,回应学生关心的热点问题和社会现象。传统思政课程的内容较为理论化、抽象化,学生往往难以将理论知识与日常生活联系起来。因此,近年来思政课程改革注重将理论与生活实际相结合,通过学生熟悉的社会现象、热点话题来引导他们理解课程中的核心内容。

教师在课程内容的设计中,应当尽量选取与学生生活相关的案例或话题。例如,在讨论社会主义核心价值观时,可以选取当下的社会热点事件,如疫情防控中的志愿者精神、共享经济中的诚信问题等,引导学生从现实生活中理解理论知识的内涵。这种方式不仅能够增强学生对课程内容的兴趣,还能够让他们在生活中践行所学的价值观。

新时代青年文化丰富多彩,教师可以通过引入学生熟悉的文化现象,如网络热点、流行文化等,增强课程的趣味性和现实感。例如,在讲授"中国特色社会主义文化"时,教师可以讨论当代网络文化的兴起、短视频平台的传播现象等,引导学生反思如何通过文化传播增强文化自信。

(2)多元化的教学资源开发

为了使思政课程内容更加丰富,增强学生的学习体验,高校教师通过开发多元化的教学资源,提升思政课程的实效性。除教材外,教师可以利用网络资源、影视资料、新闻媒体等,拓展课程内容的呈现形式,使学生通过多种渠道接触和理解思政课程的内容。网络资源为思政课程的教学提供了丰富的素材。例如,教师可以通过网络热点、微博讨论等,实时跟进社会热点问题,引导学生思考这些问题背后的价值观和伦理问题。影视作品作为一种大众文化形式,可以有效增强课程的趣味性和吸引力。例如,教师可以结合红色电影、历史纪录片等,帮助学生更直观地了解历史和社会现实,增强他们对国家和民族的认同感。

思政课程的改革与创新是新时代教育理念的重要体现,旨在通过互动性、参与性和情境教学的方式,增强课程的吸引力和实效性。通过教学内容的革新,使思政课程更加贴近学生的生活实际,能够有效提升学生的思想政治素养,使其在学习中形成正确的世界观、人生观和价值观。未来,随着教育技术的进步和教学实践的深入,思政课程将在改革创新的道路上不断前行,为新时代中国特色社会主义事业培养更多具有社会责任感和创新精神的高素质人才。

二、国外研究现状

（一）国外思想政治教育相关理论

1. 国外思想政治教育的特点

在国际背景下，思想政治教育并不像中国教育体系中专门设置思政课程那样系统和明确。国外思想政治教育更多地体现在公民教育、道德教育和全球公民培养等领域，内容上更加贴近学生的生活和社会现实，教育形式更加灵活多样。这些教育大多集中于中小学阶段，旨在培养学生的基本价值观、社会责任感和公民意识。然而，部分大学也逐渐开始重视对学生公民素养和社会责任感的培养，尤其是在全球化加速、社会问题复杂化的背景下，高等教育对思想政治教育的关注度逐渐提高。

（1）公民教育的广泛应用

在西方国家，公民教育被认为是思想政治教育的核心内容，尤其在中小学阶段，通过专门的课程或融入社会学科教学，培养学生对国家制度、法律规范、社会责任等的理解和认同。例如，美国中小学的"公民教育"课程侧重于让学生理解宪法、民主制度、公民权利与义务等内容，帮助他们具备参与社会公共事务的能力。[1] 在法国和德国，公民教育同样是重要的教育内容，特别强调对民主意识、社会规范的认同，帮助学生成为具备独立思考能力和社会责任感的公民。[2]

（2）道德教育的嵌入

与公民教育紧密相关的是道德教育。国外许多国家的教育体系虽然没有专门设置类似中国思政课程的内容，但道德教育贯穿于多个学科的教学中。[3] 道德教育强调培养学生的正直、诚实、合作、尊重他人等品质，旨在通过家庭、学校和社会的共同作用，帮助学生建立良好的品德修养。例如，英国学校通常通过课堂讨论、角色扮演等形式，培养学生在现实生活中如何处理道德问题，增强他们的社会责任感和道德判断能力。

（3）全球公民培养的理念

在全球化日益加深的背景下，全球公民培养逐渐成为国外思想政治教育的一个重

---

[1] 佚名. 美国：公民教育教材注重宪法教育 [J]. 中小学德育, 2013（6）：95.
[2] 范芬雄. "公民教育"与"思想政治教育"的语境分析 [J]. 福建论坛（人文社会科学版），2007（增刊1）：198-199.
[3] 徐冠岚，张大成. 日本中小学道德体验教育综述 [J]. 品位经典，2020（8）：66-67，121.

要组成部分。全球公民教育强调学生应具备全球视野，能够理解不同文化的多样性、全球性问题的复杂性，并且具备跨文化沟通的能力。这种教育不仅关注学生对本国社会的责任感，还关注他们对全球社会的认同和责任感。通过探讨全球化、气候变化、贫困和人权等问题，全球公民教育帮助学生认识到自己的行为对全球社会的影响。

2. 国外教育理论对课程思政的启示

国外教育领域有许多思想和理论对中国的课程思政建设具有重要的参考意义。通过借鉴这些理论，我们可以进一步完善思想政治教育的理念和方法，使其更好地适应新时代全球化和社会多元化的需求。

（1）杜威的"民主教育"理论

美国教育家约翰·杜威的"民主教育"理论强调教育应服务于社会民主的发展，学校不仅是知识传授的场所，更是培养民主公民的场所。[①] 他认为，教育应该帮助学生理解民主社会中的责任和义务，培养他们独立思考、合作解决问题的能力。杜威的理念认为，教育必须与社会实践紧密结合，学生应在现实情境中学习，通过问题解决和互动获得知识。这一理念对中国的课程思政建设具有启示意义。

课程思政强调通过专业课程融入思想政治教育，而"民主教育"理论提出的互动式、实践式学习方式为课程思政提供了参考。通过在专业课程中引入现实社会问题、增强学生的社会参与感，可以帮助学生在学习知识的过程中培养社会责任感和公共精神。

（2）阿马蒂亚·森的"能力提升"理论

诺贝尔经济学奖得主阿马蒂亚·森提出的"能力提升"理论关注的是人的全面发展。[②] 该理论强调，教育不应仅仅关注学术成就或就业能力，而应关注个体多样化的发展，帮助学生在道德、社会责任、创新等多个维度上实现自我提升。阿马蒂亚·森的理论认为，教育的根本目标是提升学生的选择自由，帮助学生实现个人的潜力，参与社会事务，并为社会做出积极贡献。

课程思政的根本目标之一是培养学生的社会责任感和创新能力，而"能力提升"理论与此相契合。课程思政不仅关注学生专业知识的掌握，还希望通过思政内容的融入，使学生具备更广阔的视野和更高的社会责任感。在课程设计中，教师可以借鉴这

---

① 胡继渊. 杜威与陶行知教育思想的比较研究［J］. 外国中小学教育，2003（5）：14-16，10.
② 潘小芳，程红艳. 能力平等视域下教育质量公平的意蕴及其实现［J］. 教育与经济，2023，39（1）：37-46.

一理论，通过为学生提供多元化的学习机会和社会实践，让他们在实践中实现自身能力的提升。

（3）保罗·弗莱雷的"解放教育"理论

巴西教育家保罗·弗莱雷的"解放教育"理论也对课程思政有一定的参考意义。保罗·弗莱雷主张通过教育来唤醒学生的批判意识，教育不应是灌输式的，而应帮助学生通过探讨和质疑理解世界并改变世界。[①] 他提出，教育的本质在于让学生通过批判性思维和对话的方式理解自己和周围的社会现实，从而成为社会变革的积极力量。

在课程思政中，教师不仅仅是知识的传递者，更是学生思想启发的引导者。借鉴保罗·弗莱雷的理念，课程思政可以通过引导学生讨论社会热点、反思现实问题，帮助学生树立正确的价值观，并增强社会责任感。这种批判性思维的培养不仅有助于学生更好地理解世界，还能激发他们为社会进步贡献力量的意识。

3. 对中国课程思政建设的启示

国外思想政治教育理论为中国的课程思政改革和创新提供了启示。在全球化和信息化背景下，中国的课程思政不仅要立足于中国特色社会主义的实际，还要借鉴国外先进的教育理念，推动思想政治教育与专业教育的深度融合。

（1）多样化的教育形式

借鉴国外公民教育、道德教育和全球公民培养的做法，课程思政可以通过多样化的教育形式，增强学生的参与感和认同感。例如，课程思政可以通过实践活动、社会调研、国际交流等形式，将思想政治教育与实际生活结合，让学生在解决社会问题的过程中提升思想政治素养和社会责任感。

（2）注重学生的个性化发展

阿马蒂亚·森的"能力提升"理论对课程思政的启示在于，教育应关注学生的多元能力发展。课程思政不仅要培养学生的专业能力，还要注重他们的思想道德、社会责任和创新意识的培养。在实际操作中，教师可以根据学生的不同特点，提供多样化的学习和实践机会，帮助学生在多个维度实现自我提升。

（3）培养全球视野和社会责任感

全球化的背景下，中国的课程思政可以通过全球公民教育的理念，培养学生的全

[①] 王钟，段力琳. 从"压迫"走向"解放"的教育：保罗·弗莱雷解放教育思想研究[J]. 教育评论，2017(9)：161-164.

球视野和跨文化沟通能力。在课程设计中，可以引入全球性问题的讨论，如气候变化、可持续发展、人权与公正等，帮助学生认识到自身的责任和作用，增强他们对全球事务的理解和参与感。

国外思想政治教育相关理论，无论是杜威的"民主教育"理论、阿马蒂亚·森的"能力提升"理论，还是保罗·弗莱雷的"解放教育"理论，都为中国的课程思政提供了重要的理论参考。这些理论强调教育的多样化、个性化和社会参与性，与中国课程思政"全员育人、全程育人、全方位育人"的理念不谋而合。通过借鉴这些国际理论，中国的课程思政可以在全球化背景下不断发展创新，培养出具有高度社会责任感、全球视野和创新能力的新时代青年人才。

（二）国外课程思政实践研究

1. 国外高等教育课程中的社会责任感与公民意识

尽管国外没有直接使用"课程思政"这一概念，但许多国家的高等教育体系中，学科教学已逐渐融入社会责任感和公民意识的培养。这些国家的高校在课程设计中强调学生不仅要掌握专业知识，还要具备批判性思维、道德意识和社会责任感，这与中国课程思政的核心理念不谋而合。

（1）社会责任感的培养

在西方国家，社会责任感的教育广泛体现在各类学科教学中，尤其是在涉及工程、法律、商业和医药等领域的课程中，社会责任感被视为学生必备的素质。例如，在医学教育中，学生不仅要学习医术，还要深刻理解医疗伦理，强调患者的权利和医生的责任。[1] 在工程类课程中，社会责任感体现在对技术应用的伦理考量中，学生被引导去思考技术进步对环境、社会和人类的长期影响。[2]

（2）公民意识的嵌入

公民意识的教育在国外高校的课程中占据重要地位。高等教育不仅被视为专业知识的传递途径，也是培养未来公民的重要场所。许多课程在教学过程中，特别强调民主、法治、公平、社会公正等价值观的培养。例如，在美国的法学课程中，除了法律理论的讲解，课程也会涉及如何在法律实践中维护公平正义、公民权利等问题，引导

---

[1] 顾云湘，杨卫敏. 美国医学道德课程教学法对我国医德教育的启发 [J]. 南京中医药大学学报（社会科学版），2018，19（3）：197-203.

[2] 王小伟. 工程伦理治理的理论意蕴与价值追求 [N]. 光明日报，2024-06-17（15）.

学生在未来职业中承担起维护社会公正的责任。

2. 美国、英国等国家的"通识教育"理念与实践

美国和英国的高等教育体系在全球享有较高声誉。这些国家在本科教育阶段广泛推行通识教育，其核心理念与中国的课程思政有许多相似之处。[①] 通识教育注重学生的全面发展，不仅强调专业知识的掌握，更关注学生的批判性思维、道德伦理、公民意识等方面的培养，这为中国课程思政的研究提供了宝贵的实践参考。

（1）美国的通识教育实践

在美国，通识教育被广泛应用于本科教育中，旨在培养具备广泛知识基础、独立思考能力和社会责任感的学生。美国许多大学设置了涵盖人文、社会科学、自然科学等领域的通识课程，目的在于拓宽学生的知识面，帮助他们在不同学科之间进行联系和思考。[②] 在通识课程中，伦理学、社会学、历史学等学科往往承担着培养学生公民意识和社会责任感的任务。例如，耶鲁大学的"道德与政治哲学"课程，通过探讨政治制度的合法性、社会正义与个人自由的关系，引导学生思考如何在民主社会中发挥公民作用，承担社会责任。[③]

另一个典型的例子是哈佛大学的"伦理与社会"课程。课程通过经典哲学文本和现代案例，帮助学生理解社会公正的复杂性，并引导他们在未来的职业和个人生活中做出符合道德规范的选择。[④] 通过这种教育，学生不仅学到了批判性思维的技巧，也深刻理解了社会责任的重要性。

（2）英国的通识教育实践

英国的通识教育在一些顶尖大学中也得到了较好的发展。牛津大学、剑桥大学等高校注重培养学生的批判性思维、道德判断力和公共精神。[⑤] 学生在本科阶段不仅要接受专业课程的学习，还要通过跨学科的课程体系，提升其在人文素养和社会责任方面的综合能力。

英国的教育强调培养学生的全球公民意识。例如，伦敦大学学院开设了"全球挑

[①] 殷冬玲. 英美大学通识教育目的与模式的比较及启示 [J]. 扬州大学学报（高教研究版），2017，21（2）：9-12.
[②] 张宝予. 美国高校通识课程中的价值观教育研究 [M]. 北京：商务印书馆，2021.
[③] 杨月琦. 耶鲁大学政治系和哲学系通识德育课的比较以及对中国高等教育的启示 [J]. 高教学刊，2015（16）：16-17，20.
[④] 张小敏. 哈佛道德推理课程对我国高校道德教育的启示 [J]. 比较教育研究，2007（1）：80-84.
[⑤] 林方，孙梦格. 英国思维能力测评：背景、理念及应用 [J]. 中国考试，2017（5）：57-64.

战"课程，通过讨论全球化、气候变化、国际冲突等全球性问题，培养学生全球视野和社会责任感。[①] 该课程旨在让学生理解全球化背景下的社会责任，引导他们思考如何为世界的可持续发展做出贡献。这种教育理念与中国课程思政中强调的培养具有全球视野的复合型人才有着高度契合。

3. 国外课程思政实践对中国的启示

（1）将社会责任感嵌入专业教学

国外高校的课程设置注重在各类学科中融入社会责任感的教育，通过伦理讨论、社会问题分析等方式引导学生思考自己未来职业的社会影响。这为中国课程思政的实施提供了启示。中国的课程思政建设可以借鉴国外的做法，将社会责任感教育有机嵌入专业课程之中。例如，在工程、医学、商业等领域的课程中，通过设计社会责任讨论模块，让学生认识到技术创新或商业决策中的社会伦理问题，提升他们对社会责任的认知。

（2）加强公民意识与全球视野的培养

国外通识教育中的公民教育与全球公民培养理念对中国课程思政建设有重要借鉴意义。在全球化时代，学生不仅要具备服务国家的能力，还要具备理解和参与全球事务的能力。课程思政可以借鉴国外"全球公民"教育的理念，通过跨文化、全球问题的讨论，帮助学生拓展全球视野，理解他们在全球社会中的责任与义务。例如，在经济类课程中，可以探讨全球经济中的公平贸易问题；在环境科学类课程中，可以引入气候变化与环境正义等全球性议题，增强学生的全球责任感。

（3）强化批判性思维与道德伦理教育

国外通识教育的核心是批判性思维和道德伦理教育的培养。通过鼓励学生质疑、探讨、反思社会问题，国外高校帮助学生在学习知识的过程中形成独立思考的能力。这一点对中国课程思政的启示在于，教师应在课程设计中留出足够的空间，鼓励学生参与讨论，培养学生批判性思维。通过引导学生思考复杂的社会、道德和伦理问题，帮助他们从知识上理解问题，从价值观和责任感的角度做出判断。

尽管国外没有直接提出"课程思政"的概念，但通过对社会责任感、公民意识和全球视野的培养，其教育理念与中国的课程思政有许多契合之处。美国、英国等国家的通识教育实践，特别是在培养学生全面发展、批判性思维和道德伦理等方面的做法，

[①] 袁传明. 《UCL委员会白皮书2011—2021》述评［J］. 高教发展与评估, 2014, 30 (3): 75-81, 103-104.

为中国课程思政提供了宝贵的实践经验。在未来的课程思政建设中，中国可以结合本土实际，借鉴国外高校的经验，将社会责任、公民意识、全球视野等内容融入专业课程教学，培养具备社会责任感、创新能力和国际视野的复合型人才，为新时代的社会发展提供更加全面的人才支持。

（三）国际比较视角下的思政教育模式

1. 全球化背景下各国高等教育的思想政治教育探索

在全球化迅速发展的背景下，各国高等教育体系正积极探索如何在专业教育中融入思想政治教育内容，以培养具有社会责任感、全球视野和创新能力的高素质人才。尽管不同国家对思想政治教育的定义和实施方式各异，但全球范围内的高等教育机构都意识到，培养学生的社会责任感、道德素养和公民意识是教育不可或缺的一部分。这种共识不仅体现在传统的教育理念上，也反映在课程设计、教学方法和育人目标的调整中。

（1）全球公民意识的培养

在全球化的推动下，思想政治教育逐渐超越了国家层面，扩展到培养全球公民意识的领域。尤其是在美国、英国、澳大利亚等国家，全球公民意识的培养被纳入高等教育课程体系。学生不仅学习本国的法律、文化和历史，还通过课程学习全球性问题，如气候变化、贫富差距、跨国合作等，帮助他们理解全球化时代的共同责任。

这种教育模式帮助学生树立更广阔的世界观和多元文化认同感。特别是在国际关系、商业管理等专业课程中，思想政治教育与全球化议题密切结合，培养学生成为既能为本国服务，又具备全球责任意识的未来领导者。

（2）公民教育与道德伦理教育的深化

在欧洲各国，特别是德国、瑞典、荷兰等，公民教育与道德伦理教育紧密结合，成为思想政治教育的重要组成部分。这些国家的高校在培养专业技术人才的同时，注重通过课程设计培养学生的道德伦理观念和社会责任感。例如，工程和商业课程不仅关注技术技能的传授，还会引入工程伦理、企业社会责任等模块，要求学生思考技术和商业行为对社会、环境的影响。这种培养模式通过课堂讨论、案例分析和社会实践等方式，帮助学生将理论与实际相结合，在解决实际问题中践行社会责任。

(3) 通识教育的全球推广

美国的通识教育模式在全球高等教育中有广泛影响。通识教育提倡全面发展，注重学生的批判性思维、社会责任感和全球视野的培养。许多国家的高校通过引入美国的通识教育理念，逐渐将社会科学、哲学、伦理学等课程纳入专业课程体系，以拓宽学生的知识面和人文素养。这种模式强调思想政治教育不应独立于专业教育之外，而应当成为专业课程中不可或缺的组成部分。

2. 中西方思政教育模式的比较

尽管世界各国高等教育都在进行思想政治教育的探索，但中西方的教育模式由于文化、历史和社会背景的差异，在实施方式和目标上存在明显不同。通过对比中西方思政教育模式，可以为中国的课程思政建设提供更多启示和借鉴。

(1) 教育目标的差异

在中国，思想政治教育的根本目标是立德树人，旨在培养社会主义建设者和接班人。这一目标决定了思想政治教育在中国的高等教育体系中具有战略性地位，通过系统的思政课程和课程思政的全面渗透，帮助学生树立正确的世界观、人生观和价值观。

相比之下，西方国家的思想政治教育通常强调公民素养的培养，目标是培养具有独立思考能力、社会责任感和民主参与意识的公民。虽然也涉及伦理和责任教育，但其思政教育通常以公民教育、道德教育的形式呈现，更侧重于个人自由、社会公正、全球公民意识的培养。

(2) 课程设计的差异

中国的思政教育体系较为系统化。思政课程是高校必修课程，涵盖了马克思主义理论、中国特色社会主义道路、毛泽东思想、习近平新时代中国特色社会主义思想等内容。除此之外，课程思政通过各类专业课程的思政化，促使思想政治教育渗透到各个学科中，形成了全课程育人的模式。

在西方国家，思想政治教育的课程通常分散于多个学科中，没有中国这样系统的理论框架。例如，在美国的通识教育体系中，学生会接触伦理学、哲学、历史等学科，这些课程虽然涵盖了思想政治教育的内容，但并不以"思政教育"命名。与中国的集中式思政课程不同，西方的思想政治教育往往通过分散的课程和选修课来实现。学生可以在选课过程中自主选择与公民责任、社会公正等主题相关的课程。

(3) 教学方法的差异

在中国，思政课程传统上以理论讲授为主，但近年来随着教育改革的推进，教学方法在不断创新。互动式教学、案例分析、情境教学、项目式学习等方式逐渐应用于思政课堂，旨在增强学生的参与感和思考能力。

西方国家的思想政治教育在教学方法上更注重学生的自主参与和批判性思维的培养。特别是在通识教育中，鼓励学生通过小组讨论、案例辩论、社会实践等方式，参与教学过程中。学生不仅要接受知识的传授，还要主动思考社会问题，提出解决方案。例如，美国大学的法学课程常通过模拟法庭、社会调研等方式，帮助学生在实践中理解法律的社会意义。

(4) 思政教育的社会背景差异

中国的思想政治教育深受历史文化和政治制度的影响，强调对国家、民族的认同感和爱国主义精神的培养。在全球化的背景下，课程思政既注重培养学生的民族认同感，也开始关注全球视野的拓展。

西方国家的思想政治教育更多依赖于民主与公民教育的传统，其教育内容往往强调个人权利、社会公平、参与式民主等理念。随着全球化的影响，西方高校也开始注重全球公民的培养，强调学生的跨文化沟通能力和对全球性问题的理解。

3. 西方思政教育对中国课程思政建设的启示与借鉴

(1) 加强全球公民意识与责任感的培养

中国课程思政目前主要关注培养学生的爱国主义精神、社会责任感等，但在全球化时代，增强学生的全球视野和国际责任感也是必然趋势。借鉴西方国家的做法，中国课程思政可以通过引入全球性问题（如气候变化、贫富差距、国际合作）的讨论，帮助学生认识到自己在全球社会中的角色和责任，培养具有国际视野的复合型人才。

(2) 拓宽思政教育的教学方法

中西方思政教育在教学方法上的差异，为中国的课程思政改革提供了新的思路。借鉴西方的做法，中国课程思政可以进一步加强学生的主动参与，通过引入更多的互动式教学、项目式学习、社会实践等形式，增强学生的参与感和思考能力。同时，批判性思维的培养也是课程思政值得借鉴的方向，通过引导学生讨论现实中的伦理问题和社会挑战，帮助他们形成独立思考和自主决策的能力。

（3）灵活化的课程设计

西方思想政治教育课程设计的灵活性值得中国课程思政借鉴。虽然中国的思政课程体系具有系统性和连贯性，但在课程思政的实施中，可以借鉴西方的灵活选修机制，将思想政治教育融入更多跨学科课程中。通过开设与专业相关的选修课程，学生可以自主选择思政内容，增强学习的针对性和自主性，推动思想政治教育与专业教育的有机结合。

在全球化背景下，各国高等教育正在探索如何更好地在专业教育中融入思想政治教育。从中西方的思政教育模式比较中可以看到，虽然两者在目标、方法、内容等方面存在差异，但核心都是为了培养具备社会责任感、道德意识和全球视野的高素质人才。中国的课程思政建设可以在立足自身文化与社会背景的基础上，借鉴国外的成功经验，进一步推动思想政治教育与专业课程的深度融合，培养适应新时代需求的综合性人才。

第二章 高校课程思政与思政课程协同育人的相关理论

高校课程思政与思政课程的协同育人，是当代中国教育改革中的一个重要理论探索。其根本目标在于通过思想政治教育与专业课程教学的深度融合，实现全员、全课程、全过程的育人体系。课程思政作为一种全新的教育理念，旨在解决传统思想政治理论课与专业课程之间割裂的现象。传统的思政教育主要依赖单一的课程形式，无法在学生的日常学习过程中实现思想政治教育的全方位覆盖。这种教学模式在快速发展的社会对人才的需求背景下逐渐显现出局限性。

为此，课程思政理论强调，在专业课程中挖掘并融入思想政治教育资源，使思想政治教育贯穿于学生的专业学习过程当中。通过协同育人，教师不再只是知识的传授者，也承担起了育人的责任。这种模式改变了传统思政教育的单一性，打破了学科壁垒，实现了思想政治教育与专业教育的协同效应，使学生能够在不同学科的学习中形成正确的价值观、社会责任感和创新意识。

理论研究表明，课程思政与思政课程的协同育人具有明显的综合育人效果。通过思政元素的多学科渗透，学生不仅能够深化学科知识，还能在潜移默化中提升思想政治素养和社会责任感。随着课程思政理论的不断发展，协同育人将成为中国高校人才培养模式中的重要环节，推动高校从知识传授向全面育人的方向迈进。

第一节 高校课程思政与思政课程协同育人的理论基础

一、马克思主义关于人的全面发展理论

马克思主义关于人的全面发展理论是马克思主义教育思想的重要组成部分。马克思认为，人的全面发展是社会进步的根本目标，强调人在经济、政治、文化、社会等各个领域中的全面发展。这一理论认为，人的发展不应局限于某一方面，教育必须关

注人多维度的成长，包括其智力、体力、审美能力、道德修养和劳动能力等各个方面。

人的全面发展理论明确了思想政治教育在促进人的全面发展中的重要作用。思想政治教育不仅仅是塑造学生的世界观、人生观、价值观，更是通过思想引导、道德教育和社会责任感培养，促进学生在情感、道德、精神层面的健康发展。马克思认为，只有当人们不仅在物质生活上得到满足，而且在精神和思想上得到充分发展，才能实现真正的全面发展。因此，思想政治教育作为教育的重要组成部分，对于培养具有社会责任感、创新精神、团队合作意识和全球视野的复合型人才具有不可替代的作用。

课程思政与思政课程的协同育人模式正是这一理论的具体实践。课程思政不仅关注学生专业知识的掌握，还注重通过思政内容的融入，帮助学生在社会责任、职业道德、个人素养等方面的成长。在这种模式下，思想政治教育渗透到学生的各个学习环节，促使学生在多维度的教育中实现全面发展。例如，在工程类课程中，学生不仅学习技术知识，还要学习如何在技术应用中履行社会责任；在管理类课程中，学生不仅学习管理技能，还要理解企业的社会责任和伦理道德。

马克思主义的全面发展理论还强调劳动的重要性，认为劳动是人的全面发展的基础。在教育过程中，劳动实践应与思想政治教育紧密结合。课程思政可以通过结合社会实践、志愿服务等形式，让学生在实际劳动和社会实践中深化对社会主义核心价值观的理解，增强社会责任感，培养实践能力。

因此，马克思主义关于人的全面发展理论为课程思政与思政课程协同育人提供了深刻的理论依据。通过将思想政治教育融入不同学科的专业教学中，课程思政帮助学生在智力、道德、情感、劳动和社会责任等方面得到全面的发展。这种教育模式符合马克思主义关于人的全面发展的要求，推动了新时代中国特色社会主义教育目标的实现。

二、思想政治教育理论

（一）思想政治教育系统论

思想政治教育系统论认为，思想政治教育是一个复杂的系统工程，涵盖了教学的各个方面，包括教育内容、教育方法、教育环境等多个维度。它强调思想政治教育不仅仅是单一课程的责任，而应在整个教育体系中发挥作用，推动全员、全过程、全方位的育人目标。这一理论为课程思政与思政课程的协同育人模式提供了框架性指导，有助于构建一个系统性的思想政治教育体系。

1. 内容维度

思想政治教育的内容是课程思政与思政课程协同育人的核心之一。课程思政不仅是思想政治课程中的理论传授，还涉及如何在专业课程中自然融入思想政治元素。系统论强调，各类课程不仅要完成专业知识的传授，还要通过教学内容引导学生树立正确的价值观念和社会责任感。例如，在工程类课程中，教师可以引入工程伦理、科技责任等思政元素；在人文学科中，可以通过分析历史事件、文学作品中的道德问题来培养学生的批判性思维和道德判断能力。通过多维度的内容设计，课程思政与思政课程的协同育人得以形成完整的思想政治教育框架。

2. 方法维度

在思想政治教育系统论的指导下，教学方法的多样化和互动性是构建协同育人的重要组成部分。思想政治教育不能仅依赖传统的讲授式教学，而需要通过案例教学、情境教学、项目学习、社会实践等多样化的教学方式，增强学生的参与感和思考能力。

例如，课程思政中可以引入情景模拟，通过模拟企业经营、技术开发等实际情境，让学生在模拟中体验社会责任的含义。互动式教学、师生讨论、跨学科合作等方式也有助于学生在实践中理解思想政治教育的内涵，并将其应用于专业学习中，从而实现知识与价值观的协同发展。

3. 环境维度

思想政治教育系统论还强调育人环境的重要性。良好的育人环境不仅包括课堂内的教学环境，还包括校园文化、社会实践基地、家庭教育等校内外的环境构建。通过多元化的环境设计，思想政治教育可以在课堂内外发挥其长效作用。

例如，校园中的红色文化、校史馆、爱国主义教育基地等物质文化环境都可以作为课程思政的延伸载体，帮助学生在日常生活中潜移默化地接受思想政治教育。社会实践则为学生提供了理论联系实际的机会，促使学生在解决实际社会问题的过程中加强对社会责任、道德规范等思政教育内容的认知和内化。

通过内容、方法、环境等维度的协同，思想政治教育系统论为课程思政与思政课程的协同育人提供了一个全面的框架，确保思想政治教育在学生的知识学习、实践活动和日常生活中发挥全方位的育人作用。这种系统化的设计有效避免了思政教育与专业教育的分离，实现了思政教育全覆盖、全过程、全方位的育人目标。

（二）社会功能论

社会功能论认为，思想政治教育不仅仅是个人认知与价值观的培养过程，还应发挥其重要的社会功能。思想政治教育不仅是为了提升学生的个人素养，更是为了培养具有社会责任感的公民，以推动社会发展、文化建设和道德培养。这一理论与课程思政的理念高度契合，因为课程思政正是通过各类学科课程，将思想政治教育融入社会实际问题中，帮助学生将个人发展与社会责任有机结合，培养能够服务社会、推动社会进步的人才。

1. 思想政治教育的社会功能

社会功能论指出，思想政治教育能够帮助学生理解社会规则、培养集体意识，并在社会活动中实现个人与社会的协调发展。通过思想政治教育，学生不仅能够树立正确的价值观，还能形成对社会公正、公共责任等问题的深刻理解。

例如，在法学课程中，课程思政可以通过讨论社会热点案件，帮助学生理解法律与道德的关系、社会公正与个人权益的平衡，从而增强他们对公共事务的责任感。对于理工科课程，社会功能论强调技术创新应与社会伦理相结合，课程思政可以通过技术伦理、环境保护等主题讨论，增强学生在未来工作中对社会和环境的责任意识。

2. 与社会发展、文化建设的结合

思想政治教育通过培养学生的社会责任感和参与意识，能够积极推动社会发展与文化建设。课程思政的一个重要任务就是将思想政治教育与国家社会发展的实际需求相结合，帮助学生在学习过程中理解国家政策、社会热点问题，并通过实践服务社会发展。

例如，在经济类课程中，课程思政可以通过分析企业社会责任和可持续发展的案例，引导学生在未来工作中不仅关注经济效益，还要考虑对社会和环境的影响。在文化建设方面，课程思政可以通过人文学科的教学，帮助学生理解中国传统文化的价值，并结合现代社会的需求，增强文化自信，推动社会主义文化的发展。

3. 与道德培养的结合

社会功能论还特别强调思想政治教育在道德培养中的重要作用。道德教育是思想政治教育的重要组成部分，通过培养学生的伦理道德观念，能够推动社会道德的整体提升。课程思政通过学科教学，将道德教育与专业知识结合，使学生在学习专业技能的同时，理解并践行道德规范。

例如，医学课程中的课程思政可以通过讨论医患关系、生命伦理等问题，培养医学生的职业道德；管理类课程可以通过引入企业伦理的讨论，引导学生树立诚实守信、以人为本的经营理念。通过这些内容的设计，课程思政不仅提高了学生的道德水平，还增强了他们在社会中的行为规范意识和职业责任感。

思想政治教育系统论和社会功能论为课程思政与思政课程的协同育人提供了理论依据和实践指导。系统论强调思想政治教育的全方位、全流程渗透，确保课程思政与思政课程在内容、方法、环境等多个维度共同发挥作用，形成完整的思想政治教育体系。社会功能论强调思想政治教育的社会责任和道德功能，通过课程思政，学生能够在学习专业知识的过程中增强社会责任感、文化自信和道德规范意识。

在这两大理论的指导下，课程思政与思政课程协同育人不仅能够帮助学生全面发展，还能促进社会的进步与文化的提升。通过多学科、多层次的教育实践，课程思政将思想政治教育与社会实际问题紧密结合，培养出具备社会责任感、创新精神和全球视野的新时代建设者和接班人。

三、教育学理论

（一）多元智能理论

多元智能理论由美国心理学家霍华德·加德纳提出，认为每个学生都拥有多种不同类型的智能，包括语言智能、逻辑-数学智能、空间智能、音乐智能、身体-运动智能、人际智能、内省智能和自然智能等。与传统智力观不同，多元智能理论强调学生具有多样化的学习方式和能力倾向。因此，教育应关注不同学生的多元智能发展，设计多样化的教学内容和方式，以满足学生的多元需求。

在课程思政与思政课程协同育人的实践中，多元智能理论为教育者提供了设计和实施思想政治教育的多维视角。传统的思想政治教育模式通常采用统一的内容和教学方法，忽视了学生的个体差异。多元智能理论指出，思想政治教育应当根据不同学科、不同专业和不同学生的特点，提供多样化的教学内容和形式，确保思想政治教育能够适应学生的多元需求。

1. 针对不同专业和学科特点的多样化设计

各类学科和专业具有不同的知识结构和思维方式，因此在课程思政的实施过程中，应根据不同学科特点设计具有针对性的思想政治教育内容。例如，工程类专业的学生逻辑-数学智能较强，课程思政可以通过引入工程伦理、技术创新的社会责任等议题，培养学生的社会责任感和职业道德意识；艺术类学生往往具备较高的空间智能和音乐智能，课程思政可以通过探讨艺术的社会功能、文化自信等主题，激发他们对艺术与社会、文化责任的反思。

2. 个性化教学内容的灵活应用

多元智能理论还启示我们，课程思政应提供个性化的教育内容，帮助学生根据其学习风格和能力发展特点进行思政教育。例如，对于具备较强人际智能的学生，可以通过组织课堂讨论、小组合作学习、社会实践等活动，增强他们的社会责任感和协作精神；对于内省智能较强的学生，可以设计个人反思和写作任务，鼓励他们通过独立思考形成个人的价值判断和责任意识。

（二）建构主义学习理论

建构主义学习理论主张，学习是一个积极的建构过程，学生通过与环境的互动、反思和实践，逐步构建对知识的理解。建构主义强调学习的情境性和主动性，学生在实际情境中通过解决问题和反思，内化知识并形成对现实的深刻理解。作为一种以学生为中心的学习理论，建构主义提倡通过体验式学习、合作学习和问题导向的教学方法，帮助学生在实践中建构知识。

课程思政与思政课程的协同育人能够充分运用建构主义学习理论，通过将思想政治教育与学科专业知识结合，帮助学生在解决实际问题的过程中反思社会责任和个人价值。在这一过程中，学生不仅是知识的接受者，更是意义的建构者，通过反思、实践、互动等活动，自主构建对知识的理解和对社会的认知。

1. 在实际情境中构建知识与价值观

建构主义学习理论强调学习的情境性。课程思政通过引入实际的社会情境和专业领域中的复杂问题，帮助学生将理论与实际相结合。例如，在医学课程中，教师可以引入实际的临床案例或公共卫生危机，让学生在分析案例的过程中反思医疗伦理和社会责任；在法律课程中，可以通过模拟法庭、辩论赛等方式，帮助学生在实践中理解法律制度与社会公正的关系。通过在真实情境中的学习，学生不仅能掌握专业知识，还能形成对社会问题的深刻认识，增强责任感。

2. 通过实践与反思构建思想政治认知

建构主义强调通过反思性实践来促进学习。课程思政通过将思想政治教育与专业实践相结合，帮助学生在实际操作中体会和内化思想政治理念。例如，在工程类课程中，学生可以参与解决环保技术问题的项目，在实际项目实施中体会技术创新的社会责任。在这些实践过程中，学生不仅需要反思技术方案的可行性，还要反思其对社会、环境、经济的长期影响，进而内化社会责任感和职业道德。

3. 合作学习与思政教育结合

建构主义学习理论强调合作学习的价值，认为通过小组合作、集体探讨，学生能够共同建构知识并加深理解。课程思政可以通过合作学习的形式，引导学生共同讨论社会热点、分析社会问题，形成对公共事务的责任意识。例如，在公共管理课程中，学生可以通过小组合作，模拟政府管理团队讨论公共政策，分析政策对社会公平的影响，从而提升对社会责任和公共服务的认识。合作学习不仅提升了学生的思辨能力，还增强了他们的团队合作精神和集体责任感。

4. 情境教学与思想政治教育的整合

课程思政可以通过情境教学，结合具体社会问题或历史事件，让学生在特定背景下体验社会责任与个人价值的建构过程。通过将专业知识置于复杂的社会背景下，学生能够在实际的社会情境中构建对知识的深层次理解。例如，在经济学课程中，可以通过情景模拟全球金融危机的情境，让学生体验经济决策的复杂性与全球责任的挑战。在这样的学习过程中，学生不仅加深了对经济学原理的理解，还在情境中思考个人与全球社会的关系，进而构建更强的社会责任意识。

多元智能理论和建构主义学习理论为课程思政与思政课程的协同育人提供了强有力的教育学理论支撑。多元智能理论强调学生的多样化学习需求，课程思政的设计应结合学生的不同智能和学科特点，提供个性化的思想政治教育内容，满足不同学生的多元需求。建构主义学习理论则为课程思政提供了情境化、实践化的教学思路，通过将思想政治教育与实际社会问题相结合，帮助学生在反思与实践中构建对知识和社会的理解。

在这些教育学理论的指导下，课程思政与思政课程的协同育人可以更加灵活、多样化，帮助学生在学习专业知识的同时，增强社会责任感和个人价值意识，培养适应新时代要求的全面发展人才。

第二节　高校思政课程与课程思政的演进历程

一、思政课程的发展历程

（一）思政课程的起源与发展

思政课程作为新中国教育体系中重要的一部分，其历史可以追溯到新中国成立初期。随着国家政治体制的确立，思政课程成为传播国家意识形态、教育公民思想观念的核心手段之一。新中国成立后，国家通过思想政治教育巩固社会共识，培养符合社会主义发展要求的建设者和接班人。

在早期，思政课程主要聚焦于传授马克思主义理论、毛泽东思想和社会主义建设的基本理论，课程内容紧密围绕国家的政治路线和意识形态。在这一时期，思政课程的主要功能是强化学生对社会主义道路的认同，帮助学生树立以集体主义为核心的思想观念，支持国家的工业化和集体化建设。通过对革命历史、阶级斗争和党史的系统教育，思政课程为国家建设和社会发展提供了思想保障。

随着社会主义制度的巩固，思政课程的形式逐渐定型，主要以讲授马克思主义经典著作、国家政策宣传为主。然而，随着社会的不断发展，尤其是在20世纪70年代末期，思想政治课程的内容和形式开始面临时代的挑战，逐步转向更加适应社会变化的新模式。

（二）改革开放后的思政课程改革

改革开放后，随着中国经济社会的深刻转型，思想政治课程开始经历一系列的改革。经济体制的变化带来了思想观念的多样化，传统的政治理论教育模式已经难以完全应对社会的需求。为适应改革开放背景下社会的转型和思想多元化的趋势，思政课程逐步从单一的政治理论教育转向包含更加多样化的内容和形式，努力在思想政治教育中保持其时代性和现实性。

首先，改革开放后，思政课程的内容发生了显著的变化。课程内容从以往的纯粹政治理论教育逐步转向结合经济、文化、社会等多领域内容的综合教育。社会主义市场经济的建立、社会结构的转型以及意识形态的多元化要求思政课程在教授传统马克思主义理论的同时，融入更多关于社会主义核心价值观、道德伦理、人生观、世界观等方面的内容。通过教授这些内容，帮助学生理解市场经济下社会发展与个人成长的关系，树立正确的人生目标和价值观。

其次，改革开放后的思政课程改革注重与实际生活的联系。国家提出的"立德树人"教育目标推动了思政课程的进一步深化，课程内容不再局限于理论知识，而是与社会实际问题紧密结合。例如，在课程中引入社会热点问题、经济改革中的伦理道德问题、科技进步中的责任问题等，帮助学生在面对复杂的社会现实时，能够运用思想政治课程所学的知识进行独立思考和判断。这一时期的思政课程改革不仅使思想政治教育内容更加广泛和丰富，也促进了学生思想素养的全面提升。

（三）新时代背景下思政课程的创新

进入新时代，随着国家经济、政治、文化的进一步发展，思想政治课程面临新的挑战和机遇。尤其是在全球化、信息化迅速发展的背景下，新时代的思政课程不仅要传递国家的意识形态和核心价值观，还必须适应技术发展和教育模式的变化，探索更加有效的教学方式，增强学生的参与感和实践能力。

首先，新时代的思政课程在内容上进一步深化了对社会主义核心价值观的教育，并加强了对新时代中国特色社会主义思想的系统讲解。在习近平新时代中国特色社会主义思想的指导下，思政课程不仅要继续传播马克思主义基本原理和社会主义意识形态，还要帮助学生理解当代中国的发展成就、国家战略、全球治理观念等新内容。通过思政课程，学生能够深入理解新时代中国特色社会主义的实践意义和全球背景下中国的发展定位，从而增强其社会责任感和文化自信。

其次，思政课程在新时代背景下进行了教学方法的创新。随着信息技术的发展，传统的教学方式中逐渐引入现代教育技术手段，如情景模拟、案例分析、互联网资源等。通过这些手段，思政课程的互动性和实践性大大增强，学生在课堂中不仅是知识的接受者，还是课堂讨论的积极参与者。例如，通过情景模拟，教师可以将学生置于特定的社会问题情境中，让他们模拟决策，讨论相关的伦理和责任问题；通过互联网资源，学生可以自主查阅、讨论最新的社会热点和国家政策，并在课堂上分享他们的观点。

最后，新时代的思政课程还注重社会实践与课堂教学的结合。学校不仅通过课堂教育进行思想政治教育,还鼓励学生参加志愿服务、社会调研等课外活动,将思想政治教育的理论学习与社会实践结合起来。在这些实践活动中,学生能够在真实的社会环境中面对复杂的现实问题,进一步体会到社会责任感和思想政治教育的重要性。这种理论与实践结合的方式大大提升了学生的思想深度和实践能力,促进了思政课程的实效性。

二、课程思政的提出与发展

(一)课程思政的提出背景

课程思政的提出,源于中国社会对人才全面素质提升的迫切需求。随着现代社会的快速发展,国家和社会对人才的要求不再仅仅局限于专业知识的掌握,还包括德智体美劳全面发展的综合素质。特别是在全球化、信息化、市场化等大趋势的影响下,培养具有高度社会责任感、创新精神和实践能力的复合型人才,成为教育改革的重要目标。

在此背景下,"全课程育人"的理念应运而生,成为高等教育的重要方向。全课程育人强调,思想政治教育不仅仅是思政课的任务,更应该贯穿于所有学科的教学中,实现"全员育人、全程育人、全方位育人"的目标。这一理念提出后,所有专业课程都承担起思想政治教育的责任,专业课教师不仅要教授学科知识,还要在教学中融入社会主义核心价值观、社会责任、职业道德等思政元素,帮助学生树立正确的人生观、价值观和世界观。

课程思政作为全课程育人理念的具体实践,意在打破传统思政教育仅依赖单一课程的局限,促进思想政治教育与各类专业课程的有机结合。通过这种方式,课程思政将思政教育的内涵拓展到更广泛的学科领域,确保思想政治教育不仅仅局限于理论课程,更贯穿于学生学习的全过程、全学科。课程思政的提出,体现了新时代背景下教育目标从单一的知识传授向综合素质培养的转变,适应了社会对高素质人才的多元化需求。

(二)课程思政实践的探索与创新

课程思政提出以来,全国各大高校逐步实践探索。各高校根据自身的学科特点和教育资源，在不同学科、不同课程中开展了多样化的课程思政实践，逐步形成了一套具有中国特色的理论和方法体系。这些探索和创新实践，为推动思想政治教育在专业课程中的渗透和融合，提供了重要的理论和实践支持。

1. 文科类课程的思政融入

在文科类课程中，课程思政的实施相对具有天然优势，因为文科课程本身就涉及思想、文化、历史等与思政教育高度契合的内容。在历史、文学、哲学等课程中，教师可以通过分析经典作品、历史事件，引导学生思考民族精神、国家发展、文化自信等重要的思想政治教育议题。通过讨论国家历史、社会变迁等问题，学生能够深刻理解社会主义核心价值观，增强对国家文化的认同感和责任感。

例如，在中国近现代史课程中，教师可以通过分析近代中国的历史事件，帮助学生认识到国家独立、社会进步和人民幸福之间的关系，激发学生的爱国主义情怀，并引导他们从历史中汲取精神力量，为新时代社会主义事业奋斗。

2. 理工科课程的思政融入

理工科课程由于其高度专业化、技术性强，传统上与思想政治教育的关联相对较弱。然而，随着课程思政的提出，理工科课程也逐渐探索出了思政融入的新路径。例如，在工程、医药、计算机、环境科学等领域，教师通过将技术与社会责任、工程伦理、科技创新与可持续发展等问题结合，使学生在学习专业知识的同时，增强对职业道德、社会责任的认识。

在工程类课程中，教师可以结合重大工程项目，如中国高铁、载人航天等，讨论技术创新对国家经济发展的贡献，以及工程师在技术创新中的责任与担当。在医学生物类课程中，教师可以通过讨论医德、生命伦理等议题，帮助学生理解医学技术的社会影响，培养其职业道德和人文关怀。

3. 交叉学科课程的思政创新

随着学科交叉和综合性教育的发展，很多高校探索出了将多学科优势结合起来实施课程思政的方式。例如，在经管类、法学类、公共管理类课程中，课程思政的实践探索为思想政治教育的内容注入了新的元素。这类课程的教学内容往往涉及企业伦理、法律与社会、公民责任等议题，教师可以通过案例教学、项目学习等方式将思政元素与专业知识紧密结合。

比如，在经济管理类课程中，教师可以通过企业社会责任、绿色经济等案例分析，引导学生思考市场经济中的道德规范和责任义务；在法学课程中，教师可以通过分析具体的法律案件，引导学生理解法律的社会功能和公平正义的价值，帮助学生树立正确的法治观念和社会责任感。

4. 教学方法的创新与实践

课程思政的实施不仅是内容上的拓展，还在教学方法上进行了大量的创新。为增强思政教育的吸引力和实效性，许多高校在课程思政的实践中引入了现代教育技术和互动式教学方法。例如，通过情景模拟、案例分析、互联网资源、翻转课堂等教学方式，增强了学生的参与感和课堂互动性。

情景模拟是一种常见的教学方法，特别是在法律、医药、公共管理等课程中，通过模拟真实的工作情境或社会问题，帮助学生在解决实际问题的过程中领悟社会责任和道德伦理的意义。互联网资源的引入使学生可以通过在线平台自主学习、讨论国家政策、社会热点，进一步丰富了思政教育的途径。

5. 课程评价与反馈机制的构建

随着课程思政实践的推进，各高校逐步完善了课程评价与反馈机制。通过定期的学生反馈、教学督导、课题研究等方式，及时评估课程思政的实施效果，确保思想政治教育内容在专业课程中的有效渗透。高校还积极开展教师培训，提升教师实施课程思政的能力，确保课程设计与教学目标的统一。

此外，部分高校还推动跨学科教师团队合作，建设课程思政案例库，分享教学经验和成功案例，进一步推动课程思政的创新和完善。

课程思政的提出与发展，是我国教育体系在新时代应对人才培养需求变化的积极回应。通过全课程育人的理念，思想政治教育已从单一课程渗透到各类专业课程中，形成了思政课程与专业课程相互结合、协同育人的新模式。

各大高校在课程思政的实践探索中，逐步形成了一套适应不同学科特点的思想政治教育体系，既保证了专业教学的质量，也使思想政治教育融入了学生的日常学习过程。随着课程思政的不断深化与创新，思想政治教育的内容和形式将更加丰富，为培养具有社会责任感、创新精神和实践能力的新时代复合型人才提供了有力支持。

三、课程思政与思政课程的融合趋势

(一) 从"独立"到"协同"的育人模式转变

传统的教育模式下,思政课程和专业课程是彼此独立的,二者在教学目标、课程内容和教学方式上都有明确分工。思政课程作为独立的课程体系,专门负责传授马克思主义理论、党和国家的方针政策,以及社会主义核心价值观等内容;专业课程侧重于知识技能的传授,主要围绕学生的专业发展展开。在这种模式下,思想政治教育虽然发挥着重要作用,但其影响相对局限,不能有效渗透到学生的专业学习中,无法全面覆盖学生的思想教育需求。

随着新时代对人才培养的多样化要求,课程思政提出了全新的育人模式,即将思想政治教育融入所有学科课程。这一理念强调思想政治教育不应局限于单一的思政课程,而应贯穿于所有专业课程之中。课程思政与思政课程通过内容、目标和教学方式的有机结合,实现从"独立育人"向"协同育人"的转变。

课程思政的实施标志着教育从分割式向综合式的过渡,形成了思想政治教育与专业知识教育相互渗透的育人体系。这种协同育人模式有助于打破学科之间的壁垒,将思想政治教育的作用扩大到专业教育领域,使学生不仅在思政课上学习社会主义核心价值观和政治理论,也能够在学习专业知识的过程中接受思想政治引导。例如,在工科课程中,课程思政可以通过工程伦理、科技与社会的讨论,帮助学生思考技术创新中的社会责任问题;在医学课程中,课程思政可以通过医患关系、生命伦理等案例,增强学生的职业道德感。

这种从"独立"到"协同"的育人模式转变,极大地提高了思想政治教育的覆盖面和实效性。通过各类专业课程,思想政治教育在知识传授的同时影响学生的价值观、责任感和社会意识,促使学生在专业发展与思想成长中实现全面进步。这种协同育人模式回应了新时代高素质人才培养的要求,符合培养具备社会责任感、创新精神和全球视野的复合型人才的教育目标。

(二) 课程思政与思政课程的互动与互补

课程思政与思政课程虽然在育人过程中的功能和侧重点不同,但二者并不是割裂的，而是形成了有效的互动与互补关系，共同推动了思想政治教育的全面覆盖与深化。

1. 思政课程的系统理论传授

思政课程是思想政治教育体系中的理论基础，负责系统、深入地传授马克思主义理论、社会主义核心价值观、党和国家的政策方针等内容。通过思政课程，学生可以掌握系统化的政治理论知识，了解国家意识形态和社会发展的核心理念。在这一过程中，思政课程为学生提供了关于世界观、人生观、价值观的理论框架，帮助他们形成正确的思想观念和价值取向。

思政课程的独特优势在于其内容的系统性和理论性。学生通过思政课程的学习，能够掌握深入的理论背景，为后续的专业学习提供价值判断的依据。例如，在思政课上，学生学习社会主义核心价值观、依法治国理念等内容，这为他们在面对专业领域中的复杂问题时提供了明确的理论指导，使其能够在多元价值观的碰撞中保持正确的立场。

2. 课程思政的实践深化与专业融入

相较于思政课程的理论性，课程思政更加注重将思想政治教育融入实际的专业教学中，通过实践深化理论的理解。课程思政强调的是思想政治教育与专业知识的结合。教师在传授专业知识的过程中，能够有机融入社会责任、职业伦理、价值判断等思政元素，使学生在学习专业知识的同时，形成对社会、职业的责任感和道德感。

例如，在法律课程中，课程思政可以通过引入社会热点案件、讨论法律与道德的关系，帮助学生理解法律体系背后的社会公正原则；在环境科学类课程中，通过讨论气候变化、生态环境保护等问题，引导学生认识到环境保护的重要性，增强学生的社会责任感。课程思政通过具体的专业实践，帮助学生将思想政治理论转化为实际的行为准则，在他们的日常学习与职业规划中进一步强化思想政治教育的效果。

3. 课程思政与思政课程的相互促进

课程思政与思政课程之间形成了良性的互动关系。思政课程为课程思政的实施提供了坚实的理论支持，课程思政为思政课程的理论内容提供了实践拓展。思政课程中传授的政治理论和核心价值观，在课程思政的具体学科应用中得到了延伸和深化。通过专业课程的实践，学生能够更加直观地理解思政课程中的理论内容。理论与实践的结合使思想政治教育更加贴近学生的日常学习和未来职业发展。

两者的互补关系还体现在教育模式上。思政课程侧重于知识传授，课程思政侧重于学生的主动参与与实践反思。通过两者的结合，学生不仅能够掌握系统的理论知识，还能够在学习过程中实践和反思这些理论，进一步深化对思想政治教育的理解。这种互动与互补，不仅丰富了思想政治教育的教学内容，也提高了教育的实效性和针对性。

课程思政与思政课程的融合趋势，体现了思想政治教育在新时代背景下从"独立"向"协同"的育人模式转变。通过将思想政治教育与专业课程紧密结合，课程思政与思政课程形成了协同育人体系，覆盖了学生的专业学习与思想政治成长的各个环节。两者的互动与互补关系，使思想政治教育不仅限于理论传授，还能够在实际的专业学习中进一步深化和拓展，推动学生在知识技能与思想素养上的全面发展。

随着课程思政的不断深入，课程思政与思政课程的协同效应将进一步增强，推动高校培养出更多具有专业能力、社会责任感和创新精神的新时代复合型人才。

第三节　高校课程思政与思政课程协同育人相关概念概述

一、课程思政

（一）概念界定

课程思政是指在各类专业课程的教学过程中，有机融入思想政治教育，通过知识传授与价值引导相结合的方式，帮助学生在掌握专业技能的同时，树立正确的世界观、人生观和价值观。这种教育模式不仅关注学生专业知识的获取，还强调通过课程内容传递社会主义核心价值观、职业道德、社会责任感等思想政治教育的关键要素，实现全员、全程、全方位的育人目标。

课程思政的提出，旨在打破传统教育中思想政治课程与专业课程各自独立的局限，强调将思想政治教育的任务扩展到每一个学科领域和每一位教师。它将专业课程与思政教育有机结合，使思想政治教育渗透到教学的各个环节和不同学科中，实现专业教育与思想引导的双重目标。

在课程思政的教学模式下，专业课程教师不仅是专业知识的传授者，还是思想政治教育的实施者。这种模式特别注重教师在课程设计、课堂教学和学生引导中的作用，通过专业课程内容的精心设计，使思想政治教育内容自然融入学科知识的讲解中，避免生硬灌输，确保思想政治教育的有效性和生动性。

（二）核心要素

课程思政之所以能够有效实现思想政治教育与专业教育的结合，依赖于其几个核心要素的相互作用。这些要素包括专业教师的主导作用、思政内容的自然融入以及课程教学目标的双重性。

1. 专业教师的主导作用

在课程思政模式下，专业教师不仅承担着传授专业知识的责任，还肩负着引导学生树立正确价值观的任务。教师是课程思政的主导力量，如何有效地将思想政治教育融入专业教学，关键在于教师的能力和意识。

专业教师需要具备一定的思想政治教育素养，能够在授课中敏锐地抓住专业知识与社会责任、职业道德等思政内容的契合点。教师的主导作用不仅体现在教学内容的选择和设计上，还体现在对学生的引导和互动中。通过深入的课堂讨论、案例分析、实践项目等多种教学方式，教师可以将专业知识与思想政治教育有机结合，使学生在学习专业技能的同时，逐步培养社会责任感和正确的价值判断能力。

例如，在医学课程中，教师不仅需要传授医学技术，还可以通过病患案例引导学生思考医疗伦理；在工程类课程中，教师可以通过讨论技术创新的社会影响，培养学生的社会责任感。教师通过课程思政的主导作用，使思想政治教育不再局限于理论讲授，而是在专业学习的过程中实现思想引导的目标。

2. 思政内容的自然融入

课程思政的一个关键要素是思政内容的自然融入，即在专业课程中有机融入思想政治教育内容，而非将两者简单拼接或生硬加入。思政内容的融入要符合专业课程的逻辑和学科特点，通过具体的教学案例、实践活动等方式，让思想政治教育成为课程内容的一部分，使其融入自然、流畅，避免学生产生抵触情绪。

这种融入可以通过多种方式实现，比如通过讨论社会热点问题、分析职业道德困境、探讨科技发展的伦理问题等，引导学生在学习专业知识时思考其背后的社会意义和伦理责任。通过将现实中的社会问题与专业知识结合，教师能够帮助学生理解专业技能对社会的影响，进一步激发学生的社会责任感和公共精神。

例如，在经济管理类课程中，教师可以通过讨论企业社会责任的实际案例，让学生理解经济活动不仅是利润的追求，还涉及道德、环境和社会责任等方面。在课程思政的框架下，思政内容通过专业课程的具体实践呈现出来，使学生能够在日常学习中感受到思想政治教育的实际价值和意义。

3. 教学目标的双重性

课程思政的另一个核心要素是其教学目标的双重性，即课程不仅要实现专业教育的目标，还要达到思想政治教育的目的。这种双重目标要求教师在设计课程时，不仅要考虑学生专业知识的掌握程度，还要关注学生思想政治素养的提升。

课程思政的双重性体现在教学过程中，教师要同时关注"知识"和"价值"的传递。在知识传授过程中，教师要善于将知识与社会实际、职业道德相结合，通过专业知识的学习帮助学生形成正确的社会责任感、职业道德观和价值观。这种双重目标的设定，既保障了学生的专业能力培养，又促进了他们的思想政治成长。

例如，在环境科学类课程中，教学目标不仅限于让学生掌握环境保护的专业技能，还要通过课程引导学生认识到环境保护的社会责任。通过这种双重目标的设定，学生不仅能够在学术上取得进步，还能在思想政治层面实现价值认同和责任意识的提升。

课程思政作为一种创新的教育模式，突破了传统思政教育与专业教育相对独立的局限，通过在专业课程中有机融入思想政治教育，促进了专业教育与思想政治教育的协同发展。

二、思政课程

（一）概念界定

思政课程是高校教育体系中专门开设的，以系统传授马克思主义理论、社会主义核心价值观和思想政治教育为主要内容的课程。它是中国高等教育体系中承担思想政治教育的核心载体，主要目的是通过系统化、理论化的教育内容，帮助学生深入理解中国的政治制度、社会发展路径和主流意识形态。

思政课程主要包括马克思主义基本原理、毛泽东思想与中国特色社会主义理论体系概论、思想道德修养与法律基础、中国近现代史纲要等。通过这些课程，学生能够全面、系统地掌握中国的政治理论和价值观念，培养对中国特色社会主义的认同感和责任感。思政课程的设置直接服务于国家的立德树人根本任务，致力于培养具有高度社会责任感和政治意识的社会主义建设者和接班人。

在思政课程的教学过程中，教师不仅是知识的传授者，更是思想的引导者，通过系统的理论传授，帮助学生了解国家的发展历程、社会制度的优越性以及中国在全球化背景下的发展策略。通过理论学习，学生能够树立正确的世界观、人生观和价值观，并具备对复杂社会现象的独立思考能力。

（二）核心功能

作为高校思想政治教育的主渠道，思政课程在帮助学生形成正确的政治意识、培养学生的道德观念和社会责任感等方面发挥着至关重要的作用。

1. 帮助学生形成正确的政治意识

思政课程的首要功能是帮助学生形成正确的政治意识，理解马克思主义理论和中国社会主义制度的历史必然性及现实必要性。通过对马克思主义基本原理、党的政策方针和国家发展战略的学习，学生能够明确中国的政治体制与发展道路，并认同中国特色社会主义的政治理念。

思政课程通过系统化的理论教学，帮助学生掌握历史唯物主义和辩证唯物主义的基本思想框架，从而形成科学的政治分析和判断能力。例如，在学习马克思主义哲学原理时，学生能够理解社会发展的客观规律，从而以科学、理性的态度看待国家和社会的现实问题。这种理论学习不仅为学生提供了系统的知识基础，也为其理解和分析当代社会政治问题提供了指导原则。

通过思政课程，学生还能够更加深入地了解中国的政治制度、法治建设及其在全球政治格局中的定位。通过对国家发展政策的学习，学生可以在思想上与国家大政方针保持高度一致，增强对中国特色社会主义道路的认同和实践信念。

2. 培养学生的道德观念和社会责任感

思政课程的另一个核心功能是培养学生的道德观念和社会责任感。思政课程中的思想道德修养与法律基础课程特别强调学生的个人道德与社会道德的统一，要求学生在个人成长的同时，关注社会发展中的伦理问题，并在未来的职业和社会生活中践行道德规范。

思政课程帮助学生理解社会主义核心价值观中的爱国、敬业、诚信、友善等价值理念，并通过具体案例分析和讨论，引导学生反思个人在社会中的角色与责任。例如，通过讨论历史中的英雄人物或当代社会中的道德楷模，教师可以激发学生的责任意识和奉献精神，鼓励他们在实际生活中践行社会主义核心价值观。

此外，思政课程还通过法律基础的教育，帮助学生理解法治的重要性，增强守法意识和公民责任感。在学习中，学生能够认识到法律与道德相辅相成，理解社会运行的基本规则与秩序，进而成为有法治观念和道德责任感的合格公民。

3. 推动思想政治教育在全校范围内的渗透

作为思想政治教育的核心课程，思政课程不仅为学生提供了系统的理论知识，还为其他学科的思想政治教育提供了理论支持与方向指引。通过在思政课程中奠定的理论基础，其他专业课程能够将思想政治教育的内容有机融入学科教学中，形成课程思政与思政课程协同育人的局面。

思政课程通过对社会主义核心价值观、社会责任和道德观念的讲解，为课程思政提供了理论支持，帮助各专业课程教师在教学中自然融入思想政治教育内容。例如，思政课程中对法治观念的教育可以帮助法学课程中的课程思政更好地展开；对科技与社会责任的讨论也为工程类课程的思政融入提供了理论指导。

总之，思政课程通过系统化的理论传授和思想引导，推动思想政治教育在高校中的全面渗透，确保每一位学生都能够通过课程学习掌握科学的政治理论和社会责任感。

思政课程是中国高校思想政治教育体系中的核心组成部分，承担着培养学生政治意识、道德观念和社会责任感的重大责任。通过系统传授马克思主义理论和社会主义核心价值观，思政课程帮助学生树立正确的政治立场和社会责任感，为其未来的职业生涯和社会生活提供了坚实的思想基础。作为高校思想政治教育的主渠道，思政课程不仅影响着学生个人的发展，还通过推动思想政治教育在全校范围内的渗透，为课程思政的有效实施提供了强有力的理论支持与方向指引。

三、协同育人

（一）概念界定

协同育人是指通过各类课程、教学环节和教师的共同努力，整合资源、协同行动，达到对学生德智体美劳全面发展的教育目标。它突破了传统的单一课程或学科独立育人的模式，强调各个学科、各类课程在培养学生综合素质方面的相互配合和共同作用。协同育人不仅关注学生的知识能力培养，还兼顾思想政治素养、道德品行、实践能力和创新精神的提升。

在协同育人模式下，思想政治教育不再仅仅是思政课程的责任，而是所有学科和课程的共同任务。通过各学科的协同合作，协同育人确保了思想政治教育的全面渗透，使每一门课程都成为育人的平台，每一位教师都成为育人的参与者。这样，思想政治教育不再局限于某个特定的教学内容，而是贯穿于学生的整个学习过程和生活体验中。协同育人强调全员育人、全过程育人、全方位育人，各类教学环节共同构建全面的人才培养体系。

（二）协同育人的实现途径

协同育人的实现途径依赖于多方力量的协调与合作，包括多学科联动、教师协作以及教学内容的整合性设计。这些途径确保思想政治教育贯穿于整个教学体系中，充分发挥各类课程的育人功能，实现教育资源的最大化利用。

1. 多学科联动

协同育人首先强调各学科之间的紧密联动。传统教育模式下，各学科往往独立运作，缺乏协调与互动，导致学生的知识学习和思想培养割裂。协同育人模式要求各学科间的知识与教育内容能够相互贯通，使思想政治教育在不同学科中得以自然延伸与强化。例如，文科课程可以通过人文关怀、社会责任等内容渗透思想政治教育，而理工科课程可以通过工程伦理、科技发展与社会进步等议题强化学生的社会责任感。

多学科联动的关键在于课程之间的内容互补与价值引导一致性。各学科教师可以通过共同的教育目标，围绕学生的全面发展进行课程内容的设计与调整，使学生在不同课程的学习中获得一致的价值引导。例如，在法学课程中，学生通过法律条文的学习理解法治理念；在管理课程中，学生通过企业伦理、公共管理的讨论进一步深化对社会公平和公正的认识。不同学科之间的联动使思想政治教育更加系统和深入，帮助学生在不同知识领域中形成统一的社会价值观和责任意识。

2. 教师协作

教师协作是协同育人模式的关键环节之一。在传统教学模式中，教师往往专注于本专业或本学科的知识传授；在协同育人模式下，教师不仅要教授专业知识，还要主动参与思想政治教育的实施，承担起全面育人的责任。

为实现协同育人的目标，教师需要加强跨学科的协作与沟通，通过团队合作、教学研讨等形式，交流教学经验，共同设计教学方案。例如，思政教师和专业课教师可以联合设计教学内容，将思政元素有机融入专业课的课堂讨论和实践环节。同时，教师还可以通过跨学科合作课程或讲座的形式，共同探讨社会热点问题，培养学生的跨学科思维和综合素养。

在教师协作过程中，教师的角色转变尤为重要。教师不仅是专业知识的传递者，还应成为思想政治教育的引导者和学生价值观形成的导师。通过师生之间的互动、讨论和反思，教师可以帮助学生在学习知识的同时，树立正确的世界观、人生观和价值观，实现从知识教育到价值引领的过渡。

3. 教学内容的整合性设计

协同育人的另一个重要途径是教学内容的整合性设计，即在各类课程中统一规划思想政治教育内容，使专业教育与思想政治教育相互融合，确保教育目标的一致性和连贯性。在整合性设计下，思想政治教育内容不是强制插入，而是与专业课程内容有机结合，通过案例分析、实际问题讨论等形式，引导学生思考知识背后的社会责任和道德规范。

教学内容的整合设计可以体现在课程模块的设置、教学活动的组织、评价体系的构建等多个方面。在教学过程中，教师可以通过设计跨学科的项目任务或案例研究，让学生在解决实际问题的过程中理解社会责任的重要性。例如，在医药类课程中，通过讨论医疗技术的伦理问题，引导学生理解医学道德和病患权利的复杂性；在工程类课程中，通过分析重大工程项目的社会影响，培养学生对技术与社会的深层次思考。

此外，整合性设计还体现在课程的考核评价上。评价不仅要考查学生对专业知识的掌握程度，还要评估其在思想政治素养、职业道德、社会责任等方面的成长。通过引入思政元素的综合评价体系，确保思想政治教育的有效性和学生价值观的形成。

协同育人通过多学科联动、教师协作和教学内容的整合性设计，实现了思想政治教育与专业教育的深度融合。它强调教育资源的最大化利用，使思想政治教育贯穿于整个教学过程和所有学科中，确保学生在学习专业知识的同时，形成正确的价值观和社会责任感。

协同育人的理念不仅推动了思想政治教育从单一课程向综合教育的转变，还为新时代高等教育培养全面发展的高素质人才提供了理论与实践的支持。通过多方共同努力，协同育人能够更好地应对复杂的社会需求，助力学生成为具有创新精神、社会责任感和全球视野的复合型人才。

第三章 高校课程思政与思政课程协同育人的内容探究

高校课程思政与思政课程的协同育人，旨在通过将思想政治教育内容融入专业课程教学，实现"全课程育人"的目标。这一教育理念突破了传统思想政治教育单一依赖思政课的局限，大大拓展了思想政治教育的内涵和外延。具体而言，课程思政不仅要求思想政治理论课发挥主渠道作用，还要求各类专业课程共同承担育人的责任，将思想政治教育与专业知识教育相结合，形成协同育人模式。在这一模式中，协同育人的核心内容涵盖了国家政策、社会责任、职业道德、全球视野等多个维度。各类专业课程通过挖掘学科特点和社会应用背景，可以融入诸如科技伦理、环保责任、创新意识等思想政治教育内容。例如，在工科类课程中，教师可以结合国家能源战略、环境保护等社会议题，引导学生在掌握技术的同时，认识到技术创新与社会责任、国家利益之间的联系；在文科类课程中，学生可以通过历史事件、文化现象的分析，体会国家民族精神、社会公平等价值观的内涵。

第一节 国际视野内容教育

一、在全球化背景下，培养学生的国际视野

（一）全球化趋势对人才素质的新要求

在当今全球化时代，国际竞争日益加剧，跨文化交流与国际合作已成为日常经济、科技和文化发展的重要组成部分。在这种背景下，培养学生具备国际视野成为高校教育的重要目标。全球化趋势对人才提出了新的素质要求，不仅要求他们具备扎实的专业能力，还要能够理解、适应并参与国际事务。

1. 增强学生的全球竞争力

随着全球经济一体化的发展，各国之间的交流合作变得越来越频繁，学生未来面对的不仅仅是本国的市场和就业机会，更是在国际舞台上的职业竞争。因此，具备国际视野的学生才能在全球化环境中找到自己的定位。通过培养全球视野，学生可以了解不同国家的文化、政治、经济制度和法律框架，具备在多元文化背景下解决复杂问题的能力。这将极大地增强他们的全球竞争力，使其在跨国企业或国际组织中脱颖而出。

2. 促使学生关心国际事务，具备国际责任感

全球化不仅带来了机遇，也使全球性问题（如气候变化、能源安全、全球贫困等）变得日益凸显。这些问题跨越国界，影响全球的可持续发展。通过培养国际视野，学生不仅能够关注本国的发展，还能更深刻地理解全球问题的本质，并具备为全球福祉做出贡献的意识。例如，学生通过参与讨论气候变化、国际贸易或全球健康等问题，能够形成对全球治理的基本认知，增强其国际责任感，在未来的职业生涯中以更宽广的视角参与国际事务，推动全球共同发展。

（二）国际视野在高校人才培养中的重要性

在全球化的背景下，国际视野已成为高校人才培养中的重要内容。高校不仅需要培养学生的专业技能，还应让学生具备在全球化环境下的跨文化思维能力、文化敏感性和跨文化沟通能力，以适应日益复杂的国际环境。

1. 全球化背景下的思维能力培养

全球化要求学生不仅从国家内部看待问题，还要具备从全球角度分析问题的能力。通过协同育人，将国际视野融入课程教学中，学生可以从全球化背景下理解专业知识和社会现象。例如，经济学类课程可以通过比较各国的经济体制和政策，帮助学生理解全球市场如何运作；国际关系课程则可以通过讨论全球治理问题，如国际冲突、环境保护等，培养学生的全球化思维。

在工程类、医学类等课程中，教师可以通过引入国际案例、跨国项目，帮助学生了解世界不同地区在技术应用、公共卫生等方面的挑战和实践。例如，学生可以通过分析不同国家应对新兴疾病的举措，提升他们的全球医疗视野，或通过对比各国在人工智能领域的法规，理解科技全球化的趋势和伦理问题。

2. 文化敏感性与跨文化沟通能力的培养

全球化时代，学生不仅需要与国际同行进行学术合作，还可能面对不同文化背景的同事、客户和合作者。因此，文化敏感性和跨文化沟通能力变得尤为重要。通过课程思政和思政课程的协同育人，教师可以在课程中引入不同文化的社会习俗、伦理道德标准、法律法规等，帮助学生在理解专业知识的同时，增强其文化适应能力。例如，在文学、历史等人文学科中，学生可以通过学习不同国家的文化与历史，增强对多元文化的尊重与理解；在商科类课程中，学生可以通过分析跨国公司的文化适应战略，学习如何在跨文化背景下进行有效沟通。

跨文化沟通能力的培养可以通过案例教学、模拟国际谈判等实践活动实现。例如，在国际贸易课程中，学生可以模拟不同国家之间的商业谈判，体验跨文化沟通中的挑战与技巧；在语言课程中，学生可以通过参与国际交流项目或与外籍教师互动，直接感受语言与文化的相互影响。通过这些活动，学生可以有效提升跨文化交际能力，增强在国际环境中自如应对文化差异的自信心。

3. 从全球视角理解世界问题和挑战

高校应引导学生关注全球性的挑战与问题，使他们具备全球责任感和国际理解力。例如，学生可以通过研究全球经济不平等、气候变化的全球影响、国际卫生安全等问题，理解这些挑战对全人类发展的深远影响。在这种全球视角的引导下，学生不仅可以理解各国面临的问题，还可以从全球治理的角度思考如何共同解决这些问题。这种国际视野的培养有助于学生在未来职业生涯中做出更加理性、负责的决策，并能以全球公民的身份参与国际事务，推动人类社会的共同进步。

全球化背景下，高校教育需要更加注重学生国际视野的培养，以适应全球竞争和合作日益激烈的局面。通过协同育人，将国际视野融入课程教学，学生不仅可以增强自身的全球竞争力，还能够更加关注全球事务、具备国际责任感；培养全球化背景下的思维能力、文化敏感性和跨文化沟通能力，能够使学生在国际舞台上发挥更大的作用，并为全球发展做出积极贡献。

二、在课程思政与思政课程中的国际视野教育

（一）课程思政中的国际化教育内容

在课程思政中，通过把国际视野教育融入专业课程，学生在学习专业知识的同时，

培养了全球视角和跨文化的思维方式。不同专业的课程都可以通过引入国际化教育内容，帮助学生了解全球化背景下的专业现象，提升他们的国际竞争力和全球责任感。

1. 经济学课程中的全球化背景讨论

在经济学课程中，全球化作为一个重要的议题，可以为学生提供丰富的思考素材，并促使他们深入分析当代经济现象的本质。全球化影响着各国的经济政策、产业布局以及市场竞争格局。因此，教师在讲授经济学课程时，可以通过引入实际的国际贸易、跨国资本流动、全球供应链等案例，帮助学生更好地理解全球经济现象背后的复杂机制。例如，在讨论国际经济合作时，教师可以通过分析不同国家在全球化过程中面临的贸易摩擦、经济依赖与独立自主之间的平衡等问题，让学生认识到全球化对不同国家经济发展的双重影响。

此外，教师可以通过分析经济全球化如何改变各国的产业结构和经济战略，探讨全球化对就业、收入分配以及经济不平等的影响。例如，在讲解全球价值链时，教师可以讨论跨国公司如何通过全球供应链进行资源配置、降低成本和提升利润，但同时也会引发贸易不平衡、技术外流等问题。通过这些讨论，学生不仅能够掌握全球化的基本概念，还能够理解全球化背景下经济政策的制定逻辑，从而培养学生对全球经济现象的批判性思考和分析能力。

2. 法律课程中的国际法与国内法比较

在法律课程中，引入国际法与国内法的比较分析有助于学生深入理解法律在全球治理中的作用与影响。全球化进程不仅带来了经济合作与竞争的加剧，也推动了国际法体系的不断发展。因此，教师可以通过对比国际法与国内法在法律体系中的地位与功能，帮助学生了解如何在国际合作、跨国公司运营、国际争端解决等背景下运用法律知识。

例如，在讲授国际贸易法时，教师可以结合具体的贸易争端案例，如某国与某国之间的关税纠纷或知识产权纠纷，讨论如何在国际法框架下解决跨国经济纠纷，以及国际法与各国国内法在争端解决中的协调与冲突。通过具体案例的分析，学生能够更加直观地理解国际法的普适性与国内法的独立性之间的关系，学习平衡全球规则与本国利益。

同时，教师还可以进一步引导学生思考国际法的实施如何依赖于各国的合作与认同，分析国际法在维护全球秩序、推动人权发展、解决环境问题等方面的作用。例如，在环境法课程中，教师可以讨论国际环境条约与各国环保法律如何共同应对气候变化问题，帮助学生认识到国际法律规则与国内法律政策的协同作用，从而培养学生的全球视野和跨国法律意识。

3. 工程和技术课程中的全球挑战与技术解决方案

在工程和技术类课程中，全球化背景下的技术发展与应用为学生提供了广阔的学习视野。随着全球化带来的环境、能源、气候等一系列挑战，技术的创新与应用逐渐成为应对这些全球性问题的核心解决方案。因此，教师在授课时可以引入气候变化、能源危机、环境污染等全球挑战，帮助学生理解技术创新在全球背景下的作用与价值。

例如，在可持续发展技术课程中，教师可以介绍不同国家在绿色能源、清洁技术、智能电网等领域的创新成果，分析这些技术如何应对全球能源短缺和环境恶化问题。通过讨论这些全球性技术挑战，学生不仅能够掌握先进的技术知识，还能够理解技术创新在全球化背景下如何与社会、环境等因素紧密相连的。

此外，教师可以通过对比不同国家在应对全球技术挑战中的政策差异，培养学生的全球视角。例如，教师可以介绍欧洲国家在推广电动汽车、太阳能等绿色技术方面的成功经验，并与其他国家在技术政策上的差异进行对比，让学生理解技术不仅是解决问题的工具，更是推动社会变革和国际合作的重要力量。通过这些讨论，学生能够认识到工程和技术的发展并非孤立的，而是与全球社会、经济、环境的复杂互动紧密相连的，从而培养他们解决全球性问题的能力和责任意识。

（二）思政课程中的全球治理与中国方案

思政课程作为高校思想政治教育的核心载体，在全球化背景下，也应通过引入全球治理与中国方案的相关内容，帮助学生理解全球事务中的中国角色，增强学生对中国参与全球事务的自信与认同。

1. 全球治理体系的介绍

在思政课程中，教师可以通过介绍全球治理体系，帮助学生理解国际组织的运行机制、国际合作的重要性以及各国在全球治理中的角色。通过对联合国、世界银行、国际货币基金组织等全球性机构的介绍，学生可以了解全球治理的基本框架和规则，认识到全球治理对解决全球问题的重要性。

例如，学生可以通过学习气候变化、全球健康治理等议题，理解全球治理如何影响国际关系，国家间如何通过合作解决全球性挑战。这种全球治理的教育，能够培养学生对全球事务的责任感和参与意识，增强其作为全球公民的认同感。

2. 中国参与全球治理的实践与贡献

思政课程还可以通过介绍中国参与全球治理的实践，增强学生对中国在全球事务中的自信与认同。教师可以通过讲解中国在联合国维和行动、全球减贫、气候变化应对等国际事务中的积极贡献，展示中国在全球治理中的重要作用。例如，中国提出的"一带一路"倡议、全球发展倡议等，通过加强国际合作促进全球经济增长、提升全球治理效率，展示了中国在国际舞台上的责任担当和领导力。

通过这些内容的学习，学生不仅能够增强对中国在国际事务中的认同感，还可以从全球视角理解中国的外交政策和发展战略。这样的教育有助于提升学生的国家自信，同时培养他们的全球责任感，让他们意识到自己不仅是国家的建设者，也是全球事务的积极参与者。

3. 中国方案的全球意义

在全球化时代，全球治理需要各国共同面对挑战，寻找解决全球问题的方案。在思政课程中，教师可以通过分析中国提出的全球治理方案，如"人类命运共同体"理念，帮助学生理解中国方案对全球治理的贡献和意义。这种全球视角的引入不仅可以增强学生对中国发展模式的认同，还可以帮助他们理解中国方案对推动世界和平与发展的全球意义。

通过分析中国在全球治理中的实践与方案，学生能够更加自信地面对国际事务，理解如何通过中国的视角解决全球问题。同时，这也帮助他们在未来的国际交流与合作中具备更加广阔的视野和更强的全球责任感。

在课程思政与思政课程的协同育人模式下，国际视野教育能够帮助学生在全球化背景下理解跨国界的经济、法律、技术等问题，培养全球思维和责任感。在专业课程中，国际化的教育内容能够增强学生的跨文化思维能力，提升他们在全球竞争中的专业素养和职业能力；在思政课程中，全球治理与中国方案的引入，不仅能够培养学生的全球责任意识，还能够增强他们对中国在国际事务中的自信与认同感。

三、国际视野教育的实施路径

（一）引入国际案例和跨文化对比

在课程教学中，通过引入国际经典案例和进行跨文化对比研究，高校能够有效帮助学生从多元文化的视角思考问题，培养他们的国际视野。这种教学方法不仅拓展了学生的知识面，还能够加深他们对全球问题的理解。

1. 案例教学法的运用

在各类课程中，教师可以通过案例教学法，选取国际上成功的或具有挑战性的经典案例，引导学生进行分析和讨论。例如，在企业管理课程中，教师可以介绍跨国公司管理模式的对比，包括不同国家在管理实践中的文化差异、决策流程和员工管理等方面的案例。通过分析像谷歌、阿里巴巴等国际知名企业的管理经验和教训，学生能够了解到全球商业环境的复杂性及其对企业管理策略的影响。

2. 跨文化对比研究

跨文化对比研究是引导学生理解不同文化背景下人们思考和行动差异的重要途径。教师可以设计课堂活动，让学生对比不同国家在社会、经济、文化等方面的特点，例如在社会政策、教育体制、法律制度等方面进行深入探讨。通过这种对比，学生不仅可以认识到自身文化的特点，也能够理解他国文化的价值与局限。

在政治学或国际关系课程中，教师可以通过对比不同国家在应对气候变化、公共卫生危机等全球性问题中的政策和措施，帮助学生分析各国政策背后的文化和价值观。这种对比研究有助于培养学生的全球意识，使他们在今后的学习和工作中能够更好地理解和应对国际事务。

（二）开展国际交流与合作项目

为了进一步增强学生的国际视野，高校应积极开展国际交流与合作项目，鼓励学生参与国际交换项目或跨国学术交流。这些实践机会不仅能让学生在真实的国际环境中学习与生活，还能够加深他们对全球多样性的理解。

1. 国际交换项目的组织

高校可以与国际院校建立合作关系，组织学生参与国际交换项目。在这些项目中，学生将有机会到国外院校学习，接触不同的教育体系和文化环境。通过与国际学生的互动，学生能够更直观地感受到文化差异，培养跨文化沟通能力，拓宽国际视野。

例如，参与国际交换项目的学生在国外学习期间，能够体验到不同的学习方式、生活习惯和社会文化，也能在课堂上讨论全球性问题与国际时事，提升他们对世界事务的认知。通过这种直接的文化交流，学生不仅增长了见识，还增强了对多元文化的包容性。

2. 跨国学术交流与合作研究

除了国际交换项目，高校还应积极推动跨国学术交流与合作研究。通过举办国际学术会议、研讨会以及合作研究项目，学生可以与国际同行进行学术探讨，了解全球前沿研究动态。在这些活动中，学生可以展示自己的研究成果，参与跨国合作的学术项目，从而在实践中培养国际视野。

此外，通过与国际学者的交流与合作，学生可以获得不同文化背景下的学术视角，丰富他们的研究方法和思考方式。这种跨国合作的经历不仅增强了学生的研究能力，还促进了他们对全球问题的深入理解。

3. 实地考察与国际志愿者项目

高校还可以组织学生实地考察和参与国际志愿者项目。通过到国外参与社区服务、环保项目等，学生能够体验不同国家和地区的社会实际，理解全球问题的复杂性和多样性。在这些实践项目中，学生能够深刻体会到国际合作的重要性和价值，增强他们的社会责任感。

例如，学生可以参与国际环保组织的项目，了解不同国家在环境保护方面的努力与挑战；参加国际志愿者活动，帮助需要援助的社区，增进他们对人道主义和社会服务的认知。这些实地考察和志愿者经历，使学生在实践中提升了全球视野，也培养了他们的责任感和社会意识。

在课程思政与思政课程的实施中，通过引入国际案例和跨文化对比、开展国际交流与合作项目等路径，教育工作者能够有效地增强学生的国际视野。这不仅有助于学生在专业知识学习中获得更为广阔的视角，也能够让他们在实践中理解全球问题和多元文化的重要性。通过这样的国际视野教育，学生能够在全球化时代更好地发展自我、服务社会，成为具有国际责任感和全球思维能力的高素质人才。

四、国际视野教育对学生综合素质的提升

（一）全球思维与解决问题能力的提升

国际视野教育在培养学生的综合素质方面起着至关重要的作用，尤其是在增强学生的全球思维和解决问题的能力方面。在全球化的背景下，学生面临着日益复杂的国际问题和多元化的文化挑战。通过国际视野教育，学生能够学会从全球化的角度分析问题，提升其综合素质，特别是在解决问题方面的能力。

1. 全球思维方式的培养

全球思维是指学生在处理问题时能够从国际和跨文化的角度出发，考虑问题的复杂性与多样性。在这种思维方式的培养过程中，国际视野教育通过引入全球性议题和案例分析，使学生能够认识到问题不仅仅局限于某一国家或地区，而是受多种因素影响的综合性问题。例如，在环境科学课程中，通过分析全球气候变化对不同国家和地区的影响，学生能够理解这一问题的全球性质以及各国在应对气候变化中所面临的挑战。这种全球思维的培养，使学生在面对复杂问题时能够更全面、深入地思考。

2. 增强解决问题的能力

通过国际视野教育，学生不仅能够建立全球思维，还能提升在全球背景下分析和解决问题的能力。这种能力的提升来源于对国际案例的研究和对跨文化问题的讨论。在课程中，教师可以组织学生参与国际项目或合作研究，鼓励他们提出解决方案并进行讨论。通过这种方式，学生能够在真实的国际环境中实践其思维能力，并锻炼解决问题的技巧。

例如，在经济管理类课程中，教师可以设计情景模拟，让学生分析某个跨国公司的市场进入策略，讨论如何在不同文化和市场环境下制订有效的解决方案。这种实践不仅提升了学生的分析能力和创造性思维，还使他们在解决问题时能够考虑到多种可能的影响因素，培养其成为具有全球视野的未来领导者。

（二）跨文化沟通能力的增强

国际视野教育的另一重要方面是增强学生的跨文化沟通能力。在全球化日益加深的今天，跨文化交流和合作变得尤为重要。通过国际视野教育，学生不仅能够更好地

理解和尊重多元文化，还能够在实际交流中提升其沟通和合作的能力。

1. 理解和尊重多元文化

跨文化沟通能力的提升首先来源于对多元文化的理解与尊重。国际视野教育通过引入不同文化的背景、价值观和习俗，帮助学生认识到文化差异的重要性。通过学习和讨论世界各国的文化与社会，学生能够培养对其他文化的敏感性和包容心，进而增强他们在多元文化环境中的适应能力。

例如，在课程中，教师可以通过组织文化交流活动、观看国际影片、阅读国际文学作品等形式，让学生深入了解不同国家的文化背景和社会规范。在这样的学习过程中，学生可以体验到不同文化的多样性，能够尊重与理解其他文化，进而增强他们在多元文化环境中的沟通能力。

2. 提升跨文化交流与合作能力

在全球化的职场中，良好的跨文化沟通能力是成功的重要因素。通过国际视野教育，学生能够学会在不同文化背景下进行有效的沟通与合作。教育者可以通过角色扮演、模拟国际会议、跨国项目合作等实践活动，增强学生在跨文化环境中的实际操作能力。

例如，学生可以参与模拟联合国会议，代表不同国家进行辩论与交流。在这样的活动中，学生不仅需要掌握专业知识，还要学会在尊重不同文化的基础上进行有效沟通。这种实践能够增强他们的语言表达能力、沟通技巧及合作能力，帮助他们在未来的国际化环境中更加自信地交流与合作。

国际视野教育在提升学生的综合素质方面发挥了重要作用。通过培养全球思维和解决问题的能力，学生能够在复杂的国际环境中有效分析与解决问题；通过增强跨文化沟通能力，学生能够更好地适应多元文化背景，进行有效的交流与合作。这些能力的提升，不仅为学生的个人发展提供了有力支持，也为他们未来在国际化职场中的成功奠定了坚实基础。通过课程思政与思政课程的协同，国际视野教育将推动学生的全面发展，使其成为具备全球视野与社会责任感的新时代人才。

第二节 人文素养与专业课的融合

一、人文素养在高校教育中的核心地位

(一) 人文素养对全面发展的重要性

人文素养作为高校教育的重要组成部分，涵盖了情感、道德、价值观等方面，是培养学生全面发展的基础。人文素养不仅体现在知识的积累上，更在于对个体价值的认同和社会责任感的培养。通过人文素养的提升，学生能够更好地理解自身与社会的关系，形成对社会和人类命运的关注。

1. 提升学生的社会责任感

人文素养教育通过引导学生关注社会现象、思考社会问题，能够增强他们的社会责任感。教育者在课程中引入社会正义、环境保护、公共伦理等议题，使学生在学习过程中不断反思自身的社会角色与责任。例如，对文学作品中人性与社会的深刻探讨，可以激发学生对社会公平与正义的思考，帮助他们认识到个人行动对社会的影响，从而增强参与社会变革的责任感。

2. 提升学生的人文关怀

人文素养的培养还能够提升学生的人文关怀，使他们在专业学习中不仅关注技术和知识的应用，更关心人类的情感、道德和价值。通过对人类历史、文化和哲学的学习，学生能够更好地理解不同文化背景下人们的生活与价值观，培养对他人及社会的关爱。例如，心理学课程通过对心理健康与人际关系的探讨，可以帮助学生理解人类情感的复杂性，增强其对他人心理状态的敏感性和同情心。

3. 塑造学生的价值观

高校教育的另一个重要目标是帮助学生建立正确的价值观。人文素养教育通过对伦理、道德、信仰等问题的探讨，能够引导学生在复杂的社会环境中形成科学、合理的价值判断。通过讨论历史事件中的伦理选择、现代社会中的道德困境，学生能够在多元价值观中找到属于自己的信仰与信念，从而在今后的学习和生活中坚定地践行这

一价值观。

在全面发展的人文素养教育中，学生不仅是知识的接受者，更是对社会、对人类命运负有责任的参与者。培养具有高尚道德、社会关怀和文化素养的学生，已成为高校教育的重要目标。

（二）人文素养教育与专业教育相结合的必要性

人文素养教育与专业教育的结合，是实现学生全面发展的重要途径。随着社会的发展，单纯的专业知识已经无法满足现代社会对复合型人才的需求。人文素养教育与专业教育的有效结合，能够培养出既有专业能力，又具有人文关怀和社会责任感的高素质人才。

1. 人文素养教育为专业教育注入内涵

人文素养教育能够为专业知识的学习注入更深的内涵。在专业课程中融入人文素养教育，能够帮助学生更好地理解专业知识背后的社会价值和伦理责任。例如，在医学课程中，除了教授医学技能，教师还应引导学生理解医患关系中的人文关怀，强调医学不仅是科学，更是关乎生命与伦理的艺术。这种人文关怀的视角，能够促使学生在未来的职业生涯中更加关注病人的心理与情感需求，提升医疗服务的质量。

2. 提升学生的综合素质

通过将人文素养教育与专业教育进行结合，学生能够在学习专业知识的同时，提升审美能力、伦理判断力和社会责任感。例如，在工程类课程中，教师可以通过引入科技与社会责任的讨论，引导学生思考技术进步与人类福祉之间的关系。这种结合不仅提升了学生的专业能力，也培养了他们在实践中进行伦理判断的能力，从而形成全面的综合素质。

3. 实现德、智、体、美、劳的全面发展

人文素养教育与专业教育的结合，有助于实现学生在德、智、体、美、劳等各方面的全面发展。在设计课程时，教师应综合考虑人文素养教育与专业知识的有机结合，通过丰富多彩的教学活动，如社会实践、文化交流、艺术欣赏等，增强学生的全面素质。例如，参与社会实践活动的同时，引导学生进行反思和总结，帮助他们在实践中理解人文关怀的价值。这种综合性的教育理念，不仅提升了学生的专业能力，也培养了他们的综合素质和社会责任感。

人文素养在高校教育中占据着核心地位，是培养学生全面发展的重要内容。通过人文素养教育，学生不仅能够增强社会责任感和人文关怀，还能在价值观的塑造中更为坚定。同时，将人文素养教育与专业教育相结合，能够实现学生德、智、体、美、劳的全面发展，培养出既有专业能力，又具备高尚道德和社会责任感的复合型人才。这种教育理念为高校人才培养提供了新的方向，推动了教育质量的提升与创新。

二、人文素养融入专业课的具体方法

（一）文学、历史等课程中的人文教育

文学和历史课程是培养学生人文素养的基础，它们通过探索人类社会的历史演进和文化成就，为学生提供了理解自我和社会的视角。这些课程不仅仅传授知识，更重要的是帮助学生建立对人类历史和文化的认知，增强他们的历史责任感和文化自信。

1. 通过经典文学作品分析提升人文素养

在文学课程中，教师可以通过对经典文学作品的深入分析，引导学生探讨作品中的人性、社会价值和伦理道德等问题。经典作品通常蕴含着丰富的文化内涵和深刻的人生哲理，能够帮助学生在阅读中感受不同文化背景下的人性光辉。例如，通过阅读《红楼梦》，学生可以理解人物的情感冲突、社会地位与命运的关系，能够对人性进行深刻的理解，对社会责任感进行深入的思考。

通过讨论文学作品中的社会问题和道德选择，学生能够反思当代社会的种种现象，加强对社会现状的关注。例如，讨论海明威的作品时，教师可以引导学生分析战争对人类情感的摧残，促使他们思考和平的重要性和人道主义的价值。

2. 历史课程中的反思与国家责任

历史课程提供了一个观察人类发展轨迹的窗口。教师可以通过分析历史事件和人物，帮助学生理解社会变迁的原因及其对现代社会的影响。通过学习历史，学生能够认识到历史不仅是过去的记忆，更是对未来的启示。

例如，在讨论中国近现代史时，教师可以引导学生分析不同历史事件如何塑造了今天的中国，讨论国家在面对外部挑战时的责任与选择。通过这样的学习，学生能够增强对国家的认同感和责任感，理解作为新时代青年的使命与担当。

同时，历史课程中对重大历史事件的深入分析，如第二次世界大战的起因和影响，

可以使学生认识到和平与发展的重要性，增强他们在国际事务中的责任感。通过反思历史，学生不仅能提高人文素养，还能在思考国家责任和社会义务中找到自我定位。

（二）科学、工程等专业课中的人文精神渗透

在理工科课程中，人文精神的渗透同样至关重要。这些课程可以通过引入科技史、伦理学等内容，帮助学生理解科学技术与社会之间的复杂关系，培养他们的社会责任感和伦理意识。

1. 科技史的引入

理工科教师可以在课堂上引入科技史的内容，讲述科技发展背后的社会背景、文化影响和伦理问题。例如，讲解电力的发明与应用时，教师不仅要介绍电力的技术原理，还应探讨电力发展对社会的深远影响，包括城市化、生活方式的变化以及资源的消耗等。通过这样的教学，学生能够理解科技与社会的相互作用。

此外，通过研究历史上的科技突破及其后果，学生可以反思现代科技发展中可能面临的伦理和社会挑战。比如，讨论人工智能技术的发展时，教师可以引导学生思考其对就业、隐私权和社会结构的影响，帮助他们在学习技术的同时增强伦理意识。

2. 科技伦理教育与社会责任感

在工程类课程中，融入科技伦理的教育至关重要。教师可以通过探讨科技进步对社会的影响，帮助学生理解在追求技术创新的同时，必须考虑其对人类和环境的潜在影响。例如，在机械工程或电子工程课程中，教师可以讨论机械故障或电子产品故障对人类安全的影响，促进学生思考在工程设计和实施中如何负责任地对待可能的后果。

通过案例分析，例如讨论福岛核事故或特斯拉电动汽车的安全问题，教师可以引导学生理解科技决策的伦理责任和社会影响。这种教育不仅能增强学生的技术能力，更能培养他们的社会责任感，确保他们在未来的工程实践中坚持伦理原则。

3. 跨学科合作与综合素质提升

高校通过跨学科合作，将人文教育与科学、工程等专业课程相结合，可以有效提升学生的综合素质。例如，在某些高校，工程与人文学科的联合课程让学生在解决技术问题的同时，考虑到社会影响与人文关怀。团队项目可以使学生在实践中体会到技术应用的多重影响，促进他们在解决实际问题时进行全面思考。

人文素养的融入是高校教育的重要任务。在专业课程中引入人文教育，不仅能够

提升学生的文化素养和人文关怀，还能增强他们的社会责任感和伦理意识。在文学、历史等人文课程中，学生通过对经典作品和历史事件的分析，形成深厚的人文底蕴；在科学、工程等专业课中，通过科技史和伦理学的引入，学生能够理解科技与社会的关系，培养全面发展的能力。通过这些措施，高校能够有效促进学生的综合素质的提升，为培养具备责任感与人文关怀的新时代人才奠定基础。

三、人文素养与专业知识的有机融合

（一）跨学科课程融合

在当今快速发展的社会中，单一学科的知识已难以满足学生全面发展的需求。因此，打破学科壁垒，将人文素养与专业知识有机结合，是提升教育质量的重要途径。通过开设文理交叉课程，如"科技与社会""工程伦理"等，高校能够以跨学科视角引导学生在专业学习中注重人文关怀。

1. 文理交叉课程的设计与实施

在课程设计上，教育者可以整合人文学科与理工科的内容，开设具有交叉性质的课程。这类课程不仅关注专业技能的培养，还强调人文素养的提升。在"科技与社会"课程中，教师可以探讨科技发展的社会背景、影响和伦理责任，引导学生反思技术创新对人类社会的意义与影响。在课程中，学生不仅学习到科技原理，还能理解科技与社会之间的复杂关系，增强对科技发展的批判性思考能力。在"工程伦理"课程中，教师可以通过分析工程决策中的伦理问题和社会责任，帮助学生理解作为工程师在技术应用中的道德责任。例如，讨论建设大型基础设施时可能对环境造成的影响，引导学生思考如何在专业实践中实现可持续发展。

2. 跨学科视角的培养

通过文理交叉课程的学习，学生能够培养跨学科的视角。这种视角促使他们在面对复杂问题时，从多个学科的角度进行分析，从而形成更为全面的理解。例如，在分析全球变暖问题时，学生不仅要理解科学原理，还需考虑经济、社会、政治等因素对气候变化的影响。这样的培养模式不仅提高了学生的综合素质，还能增强他们在未来工作中进行团队合作的能力，因为许多现实问题往往需要不同学科背景的人士共同合作解决。

3. 促进人文关怀的形成

跨学科课程的设立不仅能提高学生的学术能力，还能培养他们的人文关怀。在课程讨论中，学生能够接触到不同的观点和文化背景，形成对多元文化的尊重与理解。例如，通过小组讨论和项目合作，学生在学习专业知识的同时，增强了对社会问题的关注，培养了对人类命运共同体的责任感。

（二）案例教学和社会问题分析

在课程教学中引入实际的社会问题和案例讨论，是实现人文素养与专业知识有机融合的重要手段。通过实际案例的分析，学生能够更深入地理解专业知识在现实生活中的应用，并激发其人文关怀和社会责任感。

1. 实际社会问题的引入

教师可以在课程中引入与专业领域相关的社会问题，如社会公正、生态环境、技术伦理等，鼓励学生进行深入的讨论和思考。这不仅提升了课程的现实意义，也使学生能够在学习中关注社会发展。例如，在法律课程中，教师可以引导学生讨论关于社会公正的案例，分析法律在保护弱势群体权益中的作用。通过讨论具体案例，学生能够深入理解法律与社会责任之间的关系，增强对公平正义的认识。

2. 案例教学的有效性

案例教学是一种有效的教学方式，通过具体案例的分析，使学生能够将理论知识应用于实践中。教师可以选择经典的或具有争议性的案例，引导学生进行小组讨论、角色扮演等，激发他们的思维和情感。例如，在医学课程中，教师可以引入关于医患关系的真实案例，分析医疗伦理与患者权益之间的平衡问题。通过这种方式，学生能够理解医务工作者在实践中面临的伦理挑战，并提升其在未来职业生涯中的道德判断能力。

3. 社会责任感的培养

通过分析社会问题和相关案例，学生能够更好地认识到自身在社会中的角色与责任。教师可以通过组织社区服务、志愿活动等实践项目，让学生将课堂知识与社会实践结合起来。例如，在讨论环保问题时，教师可以鼓励学生参与社区的环保活动，让他们在实际行动中感受到个人对社会和环境的影响。这样的体验不仅能够增强学生的社会责任感，还能让他们在实践中反思个人价值与社会价值的关系。

人文素养与专业知识的有机融合，是提升学生综合素质的重要途径。通过跨学科课程的设计与实施，学生能够在学习中理解专业知识与人文关怀的结合；通过案例教学和社会问题分析，学生能够在实践中激发对社会的责任感。这样的教育模式不仅提高了学生的专业能力，还培养了他们的人文素养，使其在未来的职业生涯中更具社会责任感和人文关怀。这为培养符合新时代需求的复合型人才提供了有力支持。

四、提升学生人文素养与专业综合能力的意义

（一）促进学生人格的完善

提升学生的人文素养在促进其人格完善方面具有重要意义。人文素养不仅涵盖了知识的积累，还包括对情感、道德和价值观的培养。通过加强人文素养的教育，学生能够形成更加健全的人格特质，展现出同理心、社会责任感和高尚的道德追求。

1. 同理心的培养

同理心是理解他人情感和需求的重要能力。人文素养的提升可以通过文学、历史、哲学等课程的学习，让学生更深入地理解不同文化背景下的人的经历与感受。例如，阅读和分析经典文学作品能够帮助学生感受不同角色的内心挣扎与情感波动，从而增强对他人情感的理解。在讨论社会问题时，学生能够更好地站在他人的角度看待问题，形成同理心。

2. 社会责任感的增强

人文素养的培养同样能够激发学生对社会的责任感。在课程中引入与社会相关的讨论和案例，如社会公正、环境保护等，能够让学生意识到自己的行为对社会的影响，促使他们积极参与社会实践活动。例如，通过参与志愿服务活动，学生能够体验到助人为乐的快乐，增强对社会的责任感。这种责任感不仅是个人价值观的体现，更是学生在未来社会中扮演积极角色的重要基础。

3. 高尚道德追求的引导

在人文素养的教育中，学生能够接触到各种道德哲学、伦理问题的讨论。这种讨论有助于学生树立正确的道德观和价值观，使他们在面对生活中的道德选择时，能够做出更加明智和高尚的决策。例如，在讨论历史上的重大事件时，教师可以引导学生思考不同选择的伦理后果，从而引起他们对道德追求的高度重视。

（二）增强专业学习中的思辨能力

人文素养的提升对学生在专业学习中的思辨能力也起到重要的促进作用。思辨能力是指学生能够在面对复杂问题时进行深入思考、分析和综合判断的能力，这对其专业学习和未来职业发展至关重要。

1. 深度思考的能力提升

人文素养的培养鼓励学生进行深入思考，尤其是在专业领域内。在课程学习中，通过对理论、案例和社会现象的批判性分析，学生能够培养出较强的思辨能力。例如，在法律课程中，学生可以分析不同法律制度对社会公正的影响，通过探讨复杂的法律案例，提升其对法律条文背后伦理与价值观的理解。这样的思辨训练使学生在未来的法律实践中能够更具分析能力和判断力。

2. 创新性问题解决能力的培养

人文素养的提升有助于学生在专业学习中提出创新性的解决问题方案。在面对复杂的专业问题时，具备良好人文素养的学生能够从多角度进行思考，提出更具创造性和实用性的解决方案。例如，在工程设计课程中，学生不仅需要考虑技术可行性，还需思考项目对社会和环境的影响。人文素养使他们在提出解决方案时，能够综合考虑道德责任、社会需求和文化背景，从而提高方案的全面性和适应性。

3. 跨学科思维的拓展

人文素养的提升促进了学生跨学科思维的形成，使他们能够在专业学习中灵活运用多种学科知识。这种思维方式在现代职场中尤为重要，因为许多复杂问题往往需要跨学科合作才能解决。例如，在医学与公共卫生课程中，学生不仅要掌握生物医学的知识，还需了解社会学、心理学等领域的内容，以便在解决公共健康问题时，能够综合各方面的信息，提出更为全面的对策。

通过提升学生的人文素养，高校可以有效促进其人格的完善和专业学习中的思辨能力。在当今复杂多变的社会中，培养具备同理心、社会责任感和高尚道德追求的人才，是高校教育的使命。同时，通过提升学生的思辨能力，高校能够使他们在专业学习中进行深度思考和创新性解决问题，确保他们在未来的职业生涯中具备强大的综合素质。这一切都为培养适应新时代需求的高素质人才奠定了坚实的基础。

第三节　科学思维与专业课的融合

一、科学思维的核心内涵与教育价值

(一) 科学思维的逻辑性、严谨性与批判性

科学思维是指在解决问题和探究知识过程中，运用逻辑推理、严谨分析和批判性思考的能力。这种思维方式是科学研究的基础，是学生理解和应用科学知识的关键。

1. 逻辑性

科学思维的逻辑性要求学生在分析问题时能够以清晰、有序的方式进行推理。逻辑思维的训练能够帮助学生厘清思路，理解事物之间的因果关系，从而更有效地解决问题。例如，在数学和科学课程中，学生需要运用逻辑推理来建立和验证假设，这不仅增强了他们的思维能力，还提升了他们在面对复杂问题时的应变能力。

2. 严谨性

严谨性是科学思维的重要特征，意味着在进行研究和分析时，必须遵循严密的逻辑和严谨的步骤。培养学生的严谨性能够让他们在学习过程中注重细节、关注证据。例如，在科学实验中，学生必须遵循严格的实验步骤和数据分析方法，确保实验结果的准确性和可靠性。这种严谨的态度不仅在科学研究中重要，在日常生活和工作中同样适用，有助于学生形成认真负责的职业素养。

3. 批判性

批判性思维使学生能够对接收的信息进行分析和评估，判断其真实性和可靠性。这一能力的培养能够增强学生独立思考的能力，使他们不盲目接受信息，而是积极质疑和探究。例如，在历史和社会学课程中，教师可以引导学生分析不同观点和理论的优缺点，鼓励他们批判性地思考历史事件的多维解读。这种批判性思维不仅能提高学生的分析能力，还能促进他们在面对复杂社会问题时进行独立判断。

(二) 科学思维在培养创新型人才中的作用

在当今快速发展的科技时代，培养具备科学思维的创新型人才显得尤为重要。科

学思维不仅是知识探究的基础,也是创新能力的重要源泉。

1. 推动知识的探究

科学思维鼓励学生对知识进行深入探究,从而培养他们的创新意识。通过引导学生提出问题、设计实验和收集数据,教师可以帮助他们在探究过程中发掘新知识。例如,在生物学课程中,学生可以通过实验观察生物体的行为,并思考如何通过改进实验设计得出更有意义的结论。这种探究精神不仅能激发学生的好奇心,还能让他们在解决实际问题时具备更强的创造性和灵活性。

2. 提升创新能力

科学思维能够帮助学生在面对复杂问题时具备创新意识和解决问题的能力。在科技快速发展的背景下,学生需要灵活运用科学知识,提出新颖的解决方案。例如,在工程类课程中,教师可以鼓励学生团队合作,针对具体项目进行设计创新。在这个过程中,学生不仅需要运用科学原理进行技术分析,还需要发挥创造性思维,设计出符合实际需求的创新方案。

3. 应对复杂问题的能力

在新时代背景下,学生将面临许多复杂的社会和技术问题。科学思维使他们能够从多角度分析这些问题,提出切实可行的解决方案。例如,在讨论环境污染问题时,学生可以综合运用化学、生物学和社会学的知识,从不同层面探讨解决方案。通过这种综合分析能力的培养,学生能够更有效地参与社会发展的进程中,推动科学技术与社会的和谐发展。

科学思维的核心内涵包括逻辑性、严谨性和批判性,这些特质不仅有助于提升学生分析和解决问题的能力,更为培养创新型人才提供了坚实基础。在新时代科技快速发展的背景下,科学思维的培养显得尤为重要,它不仅推动了知识的探究与创新能力的提升,还帮助学生在面对复杂问题时具备有效的解决能力。通过课程思政与思政课程的结合,高校能够更好地培养具备科学思维的创新型人才,为社会的可持续发展贡献力量。

二、科学思维与专业课融合的路径

(一) 理工科课程中的科学思维培养

理工科课程是科学思维培养的天然载体。这些课程通过具体的实验和理论推理,为学生提供了培养科学思维的理想环境。在这一过程中，教师可以通过多种教学方法，如实验、推理论证、问题求解等方式，强化学生的科学思维能力，使他们在实践中理解科学原理和逻辑推理的内在联系。

1. 实验教学的实施

实验教学是理工科课程中培养科学思维的重要方式之一。在实验过程中，学生通过亲自操作和观察，能够深入理解理论知识的应用。例如，在物理课程中，教师可以设计实验让学生测量自由落体的加速度。通过实验，学生不仅能看到理论与实践的结合，还能够培养逻辑推理能力和严谨的科学态度。

在进行实验设计时，教师可以引导学生思考如何控制变量、设计合理的实验方案，鼓励他们提出假设并进行验证。这种参与感能够有效增强学生的科学探索精神，培养他们对未知领域的好奇心和解决问题的能力。

2. 推理论证与问题求解

理工科课程强调逻辑推理与定量分析，教师可以通过设置复杂的数学问题或工程案例，引导学生进行严谨的推理论证。在数学课程中，教师可以引导学生利用定理和公式解决实际问题，培养他们的逻辑思维。例如，在讨论几何问题时，教师可以鼓励学生推导出公式背后的逻辑，增强他们对数学理论的理解和应用能力。

在工程课程中，教师可以通过项目导向的学习，要求学生针对实际工程问题提出解决方案，利用科学思维进行分析和论证。这种问题求解的过程能够锻炼学生的批判性思维，使他们在面对复杂问题时能够进行有效的分析和判断。

（二）文科课程中的科学思维渗透

文科课程同样可以通过科学思维的培养提升学生的思辨能力。这些课程提供了丰富的讨论空间，教师可以通过逻辑推理和概念分析帮助学生培养批判性思维和理性分析能力。

1. 哲学课程中的逻辑推理

在哲学课程中，教师可以引导学生学习和运用逻辑推理的基本原则。通过对哲学经典的分析与讨论，学生可以培养对论证结构和逻辑关系的敏感性。例如，在讨论伦理学的相关问题时，教师可以通过经典的伦理案例，引导学生分析不同伦理观点的合理性，从而提升他们的批判性思维能力。

通过逻辑推理的训练，学生不仅能够提高自身的分析能力，还能学会在面对复杂的道德困境时做出理性的判断。这种逻辑思维的培养能够帮助学生在日常生活和未来职业中做出更为周全和深思熟虑的决策。

2. 经济学课程中的定量分析

在经济学课程中，教师可以通过定量分析和模型构建，引导学生理解经济现象背后的逻辑关系和数据分析技巧。例如，教师可以通过经济数据的分析，引导学生使用统计方法和经济模型来解释市场行为和经济趋势。通过这种方式，学生能够锻炼理性分析能力，在处理复杂经济问题时具备扎实的理论基础和实践能力。

此外，通过案例研究，教师可以引导学生分析真实的经济事件，让他们在分析中思考政策的有效性和社会影响。这种结合不仅能够提升学生的科学思维，还能培养他们对经济现象的敏感性和应对能力。

科学思维与专业课的有机融合是提升学生综合素质的重要途径。通过理工科课程中的实验教学、推理论证和问题求解，学生能够在实践中提升科学思维能力；在文科课程中，通过逻辑推理和定量分析，学生同样能够增强思辨能力。这样的融合不仅丰富了课程内容，还为学生的全面发展提供了良好的基础，确保他们在未来的学习和工作中具备创新意识和解决问题的能力。通过课程思政与思政课程的结合，科学思维的培养将进一步促进学生人文素养与专业技能的全面提升。

三、教学方法上的创新与实践

（一）通过探究式学习法培养科学思维

探究式学习是一种强调学生主动参与和自主探索的教学方法，是培养学生科学思维的有效途径。在这一过程中，教师不仅是知识的传授者，也是学生学习的引导者和支持者。

1. 鼓励提出问题

探究式学习的核心在于鼓励学生主动提出问题。在课堂上，教师可以通过引导性的问题刺激学生的好奇心，使他们对所学内容产生深入思考。例如，在科学课程中，教师可以提出"为什么天上的星星会闪烁"这样的开放性问题，引导学生自主探究相关的物理原理。通过问题的提出，学生能够培养科学探究的意识。

2. 调查研究与实验分析

在探究式学习中，学生通过调查研究和实验分析等多种方式进行学习。教师可以设计一系列实验，让学生在实践中检验理论。例如，在化学课程中，教师可以让学生设计自己的实验来观察反应现象，从而培养他们的实验能力和科学思维。在这个过程中，学生不仅要了解实验的步骤，还需在观察和分析中提出自己的见解，形成对科学现象的深刻理解。

3. 形成科学探究意识

通过探究式学习，学生能够逐步形成科学探究的意识。在这一过程中，他们学习如何进行系统的观察、分析数据、得出结论，并不断修正自己的想法。这种方法不仅提升了学生的逻辑思维能力，还增强了他们对科学研究的兴趣。通过参与实际的探究活动，学生能够体会到科学思维的魅力，并将其应用于今后的学习和生活中。

（二）通过问题导向与项目学习促进科学思维

问题导向学习和项目学习是促进学生科学思维的重要教学方法。这些方法通过关注实际问题，引导学生在解决问题的过程中运用科学思维，从而提升其逻辑思考能力和创新能力。

1. 问题导向学习的实施

在问题导向学习中，教师可以设计与课程相关的实际问题，鼓励学生进行深入研究。例如，在环境科学课程中，教师可以提出"如何减少校园内的塑料垃圾"这样的具体问题，引导学生通过调查和分析，寻找切实可行的解决方案。学生在研究过程中需要收集数据、分析问题，并提出解决方案，从而提高了他们的批判性思维和逻辑推理能力。

此外，问题导向学习还能够促进学生之间的合作与讨论。在解决复杂问题时，学生可以组成小组进行集体讨论和合作研究。通过不同观点的碰撞与交流，学生能够在思维的交互中深化对问题的理解，培养团队协作的能力。

2. 项目学习的设计与实施

项目学习是一种基于实际项目开展的学习方式。通过真实的项目体验，学生能够将所学知识与实践结合起来。在工程教育中，教师可以设计一个实际的工程项目，要求学生在团队中共同完成。例如，设计一座小型环保建筑，学生需要在项目中运用所学的工程原理、计算技能，并考虑项目的经济和社会影响。这样的项目学习能够促进学生的科学思维和创新能力。

在项目学习中，学生需要面对实际的挑战，提出解决方案并进行评估。通过反复迭代的过程，学生能够提升创造力和解决问题的能力。这种实践性的学习体验，使学生在面对真实问题时更加自信和从容，增强了他们在未来职业生涯中的竞争力。

3. 促进逻辑思考与创新能力

通过问题导向与项目学习的结合，学生能够在解决实际问题的过程中有效运用科学思维。教师可以通过引导学生进行逻辑推理，培养他们在面对复杂问题时的分析能力。例如，在完成项目时，学生需要制订项目计划、进行风险评估，并根据实际情况调整方案，这个过程锻炼了他们的逻辑思考能力和灵活应变能力。

教学方法上的创新与实践，特别是探究式学习、问题导向学习和项目学习，能够有效培养学生的科学思维。在理工科课程中，通过实验、调查与分析，学生能够提升逻辑思维和批判能力；在文科课程中，通过逻辑推理与案例分析，学生同样能够增强思辨能力。通过这些教学方法的融合，学生不仅能深刻理解专业知识，还能提升解决实际问题的能力，为他们未来的学习和职业发展奠定坚实基础。

四、科学思维教育对学生创新能力的影响

（一）提升学生的批判性思维和解决问题能力

科学思维教育在提升学生的批判性思维和解决问题能力方面发挥着关键作用。通过系统的科学思维训练，学生能够更好地分析复杂问题，从而形成更为全面和深入的理解。

1. 增强复杂问题的分析能力

科学思维教育强调逻辑推理、数据分析和系统思考。这些能力的培养使学生在面对复杂问题时能够进行有效的分析与判断。例如，在科学课程中，学生通过研究具体案例，学习如何拆解问题、识别关键因素、分析数据，从而获得对问题本质的深刻理解。在物理学课程中，教师可以引导学生分析实际物理现象，通过观察、实验和计算，逐步揭示现象背后的科学原理。这种分析能力的提升，使学生能够在面对不确定的、复杂的问题时更加自信和从容。

2. 培养批判性思维

科学思维教育促使学生在学习和生活中保持批判性思维的态度。他们不仅能够接受信息，还能对其进行质疑和评估。在课堂讨论中，教师可以引导学生对已有理论进行批判性分析，让他们学会区分不同观点的优缺点。这种批判性思维的培养不仅帮助

学生提高了判断能力，还促进了他们在面对信息时的独立思考。例如，在社会科学课程中，学生可以对社会现象进行深入讨论，分析政策背后的逻辑与影响，从而培养出更为成熟的社会观察力和批判精神。

3. 创造性解决问题的能力

科学思维教育还能够促进学生在解决问题时运用创造性思维。通过对问题的深入分析，学生能够发掘出传统解决方案以外的新思路和新方法。在科学项目中，学生往往需要结合不同学科的知识，提出创新性的解决方案。例如，在工程设计项目中，学生需要设计出既符合技术规范又能满足市场需求的产品，激励他们进行创新思考。这种创造性解决问题能力的培养，使学生在未来的学习和工作中具备更强的竞争力。

（二）增强学生的创新意识和实践能力

科学思维的训练对于学生的创新意识和实践能力也有显著的促进作用。在面对快速变化的科技环境时，创新意识与实践能力显得尤为重要。

1. 激发创新意识

科学思维教育通过鼓励学生进行探索与实验，能够激发他们的创新意识。学生在科学实践中，面对实际问题时，常常需要突破传统的思维模式，寻找新的解决方案。例如，在参与科研项目或实验室研究时，学生能够主动提出假设，设计实验，并进行独立思考。这种过程不仅激励他们进行创造性思考，还使他们意识到创新的重要性，形成对探索未知领域的热情。

2. 提升实践能力

实践是科学思维教育的重要环节。通过实践活动，学生能够将理论知识与实际操作结合起来，提升他们的实践能力。在课程中，教师可以设计实践项目，让学生在真实的环境中应用所学知识。例如，在化学实验课程中，学生需要进行实验设计、数据收集和分析。这一系列操作不仅增强了他们的动手能力，也帮助他们更好地理解化学反应的本质和规律。

科学思维教育不仅能够提升学生的批判性思维和解决问题的能力，还能增强他们的创新意识和实践能力。在现代社会中，具备科学思维的学生更能够应对复杂的挑战，积极寻找创新解决方案，成为适应新时代发展的高素质人才。因此，课程思政与思政课程的结合，通过科学思维的培养，将为学生的全面发展奠定坚实基础。

第四章　新时代思政课程与课程思政的价值研究

在新时代的教育背景下，思政课程与课程思政的协同育人模式展现了其独特的教育价值与社会意义。随着我国进入中国特色社会主义新时代，社会对高素质人才的需求不仅体现在专业能力上，还体现在思想政治素养、社会责任感以及道德价值观的全面提升上。课程思政作为一种创新的教育理念，打破了传统思政教育与专业课程相对独立的局限，将思想政治教育有机融入各类专业课程，推动了全课程育人目标的实现。

新时代的课程思政价值体现在三个方面：首先，它增强了思想政治教育的渗透力，通过全员、全课程的教学模式，学生能够在日常学习中自然而然地接受思想政治教育，形成正确的价值观。其次，思政课程与课程思政相结合，有助于克服传统思想政治教育理论与实践之间的脱节现象，将理论转化为实践，通过实际的课程学习和专业发展，使学生更深刻地理解思想政治教育的现实意义。最后，思政课程与课程思政协同育人，能够培养出具备高度社会责任感、爱国主义精神以及创新意识的新时代人才，为国家现代化建设和社会进步提供坚实的思想保障与人才支持。

第一节　高校思政课程与课程思政协同育人的理论价值

一、丰富和发展思想政治教育理论体系

思想政治教育理论是高校培养德、智、体、美、劳全面发展的学生的重要支撑。思政课程与课程思政的协同育人理论不仅突破了传统的思政课程框架，还将思想政治教育的内涵进一步深化，使育人模式得到了全面的丰富与拓展。通过深化思想政治教育的内涵与丰富育人模式，思想政治教育理论实现了从单一学科到多学科、多领域的系统化、综合化发展，推动了思想政治教育理论体系的不断丰富与创新。

（一）深化思想政治教育的内涵

传统的思想政治教育往往局限于专门的思政课程，主要通过政治理论课、马克思主义理论课等具体学科开展。然而，随着新时代对学生全面发展要求的提升，思想政治教育的内涵亟须拓展与深化。思政课程与课程思政协同育人的理论提出，使思想政治教育从专门的思政课扩展到了全课程领域，使思想政治教育的内涵得到了新的解读。

1. 思想政治教育的全领域渗透

课程思政的提出打破了思政教育只在思政课中进行的局限性，将思政教育融入每一门学科课程中。这一理论创新使思想政治教育从局部的思想启蒙转向全方位的育人体系，不再局限于单一的政治理论，而是涵盖了人文学科、理工科、社会科学等不同领域。例如，在工科课程中，教师可以通过讲解工程伦理、科技创新与社会责任等内容，引导学生在学习专业知识的同时，树立正确的价值观和职业道德；在人文学科课程中，教师可以通过经典文学作品中的人性思考、历史事件中的社会变革等潜移默化地进行思想政治教育。这种全课程育人的理念不仅扩大了思政教育的覆盖面，还深化了思政教育的内涵，使学生能够在更广泛的知识领域中受到思想政治的熏陶。

2. 知识教育与价值引领的统一

课程思政理论的核心在于将知识教育与价值引领相结合，通过知识的传授，潜移默化地进行思想政治教育。传统的学科教学以知识传授为主，思政课程则侧重于价值观的引导，两者往往存在较为明确的分工。课程思政的提出，推动了知识传授与价值引领的统一，使专业知识的学习过程同时成为学生树立正确世界观、人生观、价值观的过程。这一理论深化了思想政治教育的内涵，使其不再仅仅是专门课程中的独立模块，而是与各学科内容有机结合的育人过程。

例如，在医学课程中，教师讲解医疗技术的同时，引导学生思考医德与职业责任，通过典型案例的分析，让学生理解如何在医疗过程中保持职业操守、关爱患者。在这种教学模式下，学生不仅掌握了专业技能，还通过知识的应用理解了社会责任与职业道德，从而实现了知识教育与价值引领的高度统一。

（二）丰富思想政治教育的育人模式

课程思政的提出，为思想政治教育的育人模式带来了新的发展与创新。传统的育人模式多以思政课为中心,而课程思政突破了这一局限,将思想政治教育扩展到了各类学科之中,推动了"全课程育人"模式的形成。这一创新不仅丰富了思想政治教育的理论体系,也为高校教育教学的实践提供了新的路径。

1. 跨学科的育人模式

在传统的思政教育体系中,思政课程与专业课程往往分属于不同的教学领域,二者之间的互动较少。课程思政打破了这一边界,使育人模式从单一的思政课教学转向了跨学科的教育体系。在课程思政的框架下,专业教师与思政教师紧密合作,通过共同备课、跨学科教学等方式,将思想政治教育融入各类学科课程中。例如,在经济管理课程中,教师可以结合企业社会责任、商业道德等思政元素进行教学;在法律课程中,教师可以通过分析法律与社会正义的关系,引导学生思考个人与社会的互动。这种跨学科的育人模式推动了思想政治教育的全方位覆盖,提升了育人的深度与广度。

这种全课程育人的模式,使学生在学习不同学科知识的过程中,能够自觉接受思政教育的引导,从而实现了德、智、体、美、劳的全面发展。这不仅提升了教育的综合性与协调性,也使思想政治教育更加贴近学生的专业需求与未来职业发展,增强了学生对思政教育的认同感与参与感。

2. "课程思政+思政课程"的双线育人机制

课程思政的提出,使思想政治教育的育人模式从单线向双线转变,即"课程思政+思政课程"双线并行的育人机制。思政课程作为思想政治教育的专门课程,仍然发挥着主阵地的作用,负责系统传授思想政治理论和相关知识;课程思政通过将思想政治教育内容自然嵌入各类专业课程,实现全课程、全方位、全过程的育人目标。

这种双线并行的育人机制不仅丰富了育人模式,还增强了思政教育的广泛性和实效性。在思政课程中,学生能够接受系统的思想政治理论教育课程思政中,学生通过各类学科的学习不断巩固和内化思政教育的理念。例如,学生在思政课上学习社会主义核心价值观的理论基础,而在课程思政中,他们通过具体的学科知识和实践活动,理解如何在日常学习和工作中践行这些价值观。这种双线并行的育人机制有助于学生将思想政治教育与学术知识、职业发展紧密结合,实现全面育人、全程育人的目标。

丰富和发展思想政治教育理论体系,是新时代高校教育改革中的重要任务。通过深化思想政治教育的内涵,思政课程与课程思政协同育人理论拓展了思政教育的覆盖范围,实现了知识传授与价值引领的统一;通过丰富思想政治教育的育人模式,课程思政推动了跨学科育人和双线育人机制的形成，为高校思想政治教育的理论创新与实践探索提供了新的路径。在未来的教育实践中，思政课程与课程思政的进一步融合与发展，将继续推动思想政治教育理论体系的丰富与完善，助力高校培养德、智、体、美、劳全面发展的高素质人才。

二、推动教育教学理论的创新

随着思政课程与课程思政协同育人的逐步推广，教育教学理论迎来了新的发展契机。课程思政通过跨学科的全人教育模式以及全员育人的理念，不仅打破了传统的教学理论框架，还推动了跨学科教育和"立德树人"理论的创新与发展。这一系列创新从理论层面深化了教育的内涵，并为实践中的教育教学活动提供了更加广泛和深入的指导。

（一）跨学科教育理念的提出

思政课程与课程思政协同育人的核心理念之一是打破单一学科的知识传授模式，转向跨学科的全人教育。这一理念的提出极大地拓展了教育教学的理论深度与广度，使教育的目标不仅仅是知识的传授，更是对学生综合素质的全面培养。

1. 从单一学科走向跨学科

传统的教育模式通常局限于单一学科内的知识传授，思政教育主要集中在专门的思政课程中，其他学科的教学往往以专业知识为主。然而，课程思政的提出使思政教育不局限于专门课程，而是渗透到各类学科课程中。通过跨学科的教育模式，学生在学习专业知识的过程中也能自觉地接受思政教育，从而实现全面育人的目标。例如，在法律专业课程中，学生不仅要掌握法律条文和理论，还需要通过案例分析，理解法律与社会正义的关系；在工程技术课程中，教师可以通过讲解技术创新与社会责任的关系，引导学生认识到技术应用中的伦理问题和社会影响。这种跨学科的教育模式打破了学科之间的边界，使思政教育的内涵更加丰富和深刻。

跨学科教育理念的提出，使教育不仅仅关注学生在某一领域的专业技能培养，更注重学生在多个学科领域的综合素质发展。通过多学科之间的有机结合，课程思政为教育教学理论的发展提供了新的思路和视角，推动了全人教育模式的形成。

2. 全人教育模式的创新

全人教育模式强调对学生思想、情感、价值观等多方面的全面培养，而不仅仅是知识的积累。课程思政的跨学科教育理念为全人教育模式的创新提供了有力支持。在这一模式下，教师不仅是知识的传授者，更是价值观的引导者；学科课程不仅仅传授专业知识，还要通过课程内容和教学设计，引导学生形成正确的价值观、社会责任感和职业道德。例如，艺术类课程可以通过探讨艺术作品中的人性、社会问题等，帮助学生提升人文素养和社会责任感；理工科课程可以通过讨论科技与伦理的关系，培养学生的科学精神和道德意识。

全人教育模式的创新不仅扩展了课程思政的教育维度，也为推动教育教学理论的深化提供了新的实践路径。通过这种模式，学生能够在多元的学习体验中获得全方位的成长，实现知识与素质、专业与品德的有机结合。

（二）促进"全员育人"的理论发展

课程思政不仅推动了跨学科教育理念的发展，还通过强调所有学科教师的育人责任，促进了"全员育人"理论的发展。这一理论突破了传统的"专人育德"模式，使思想政治教育不再是某一类课程或教师的专责，而是每一位教师的共同责任。这种理念的提出，推动了育人模式的系统化与全面化。

1. 打破"专人育德"的传统模式

在传统的教育体系中，思想政治教育通常被认为是思政教师或思政课程的专属任务，其他学科教师的职责主要集中在专业知识的传授上。然而，课程思政的提出，强调了每一位教师在思想政治教育中的责任，打破了"专人育德"的传统模式。通过"全员育人"的理念，所有教师都需要在各自的学科教学中承担育人的任务，将思政教育融入课堂教学的方方面面。

例如，在历史课上，教师可以通过分析历史事件中的人物抉择，帮助学生树立正确的价值观；在物理课上，教师可以通过探讨科学发现的伦理问题，培养学生的科学素养与社会责任感。这种模式不仅提升了各学科教师的育人意识，还扩大了思政教育在教学中的覆盖面。

2. "立德树人"理论的系统化发展

"全员育人"理念的提出不仅在实践层面推动了教育模式的转变，还促进了"立德树人"理论的系统化发展。"立德树人"是教育的根本任务，而全员育人的理念则使这一目标得到更加全面的落实。通过强调每一位教师的育人责任，"立德树人"的教育理念不再仅仅局限于某些特定的课程或教育环节，而是融入整个教育体系的每个细节之中。

在全员育人的框架下，教师不仅是知识的传授者，还是学生人格与道德的引导者。通过思政课程与课程思政的协同育人，教师能够在教学过程中自觉地渗透思想政治教育的内容，使学生在学习专业知识的同时，逐渐内化社会主义核心价值观，培养高尚的道德品质和社会责任感。这种全方位的育人模式使"立德树人"理论得到更加系统化的发展，推动了思想政治教育的理论创新。

思政课程与课程思政协同育人的推广，不仅推动了教育教学理论的创新，还为跨学科教育理念和全员育人理论的发展提供了新的动力。通过跨学科的全人教育模式，课程思政打破了传统的学科界限，深化了教育的内涵；通过全员育人的理念，思政教育从单一课程扩展到全体教师的责任，实现了"立德树人"目标的全面覆盖。未来，课程思政将继续推动教育教学理论的创新与发展，为学生的全面发展和社会责任感的培养提供更加系统化和多元化的支持。

三、理论体系的完善与国际化视野的融合

随着全球化的发展与教育改革的不断深入，思想政治教育的理论体系不仅需要在国内逐步完善，还应融入国际化视野，借鉴全球先进教育理念。在此背景下，思政课程与课程思政的协同育人理论不仅丰富了国内思想政治教育的内涵，还通过与国际教育理念的融合，推动了理论体系的完善与创新发展。通过与国际先进教育理念的对接，以及理论体系的系统化与多维度发展，课程思政理论逐渐成为具有全球视野的育人框架。

（一）与国际先进教育理念的融合

在国际教育体系中，思想政治教育并不局限于某个国家或文化背景，全球许多教育体系中都包含了育人目标的设计和实施。例如，西方教育中的"通识教育"与"德育与智育并重"理念在教育理论中占有重要位置，与我国的课程思政和思政课程的协同育人理念有着许多相通之处。通过与这些先进的国际教育理念的融合，课程思政的

协同育人理论不仅丰富了国内的教育内容，也进一步拓宽了理论体系的国际化视野。

1. 通识教育理念的借鉴

通识教育是西方教育体系中的重要组成部分，旨在通过广泛的知识体系培养学生的批判性思维、社会责任感和全面发展。与此相似，课程思政的协同育人理念也强调学生的全面素质培养，不仅包括某一学科的知识学习，还包括道德、价值观和责任意识的综合培养。因此，通识教育理念为我国课程思政提供了重要的参考价值。

课程思政通过融入通识教育的思路，可以在各类学科中进行跨学科教学设计，使学生不仅掌握专业知识，还能培养出对社会、文化、历史等方面的广泛理解。通过与通识教育的融合，课程思政能够更好地激发学生的自主学习和批判性思维，拓展教育教学的深度与广度。例如，在文学课程中，教师可以引导学生通过文学作品探讨人性、社会责任等思政教育内容，结合全球文化背景，培养学生的国际视野。

2. 德育与智育并重的理念呼应

西方教育体系中的"德育与智育并重"理念也为我国的课程思政提供了借鉴。德育和智育的结合强调学生在学术知识与道德素养方面的同步发展，正如我国课程思政所追求的"立德树人"目标。这一理念通过将德育与智育有机结合，使学生在学习知识的同时，逐步形成正确的价值观和社会责任感。

在课程思政的教学设计中，教师不仅要注重专业知识的传授，还应引导学生反思知识应用中的伦理问题。例如，在科学技术类课程中，教师可以通过讨论科技进步与社会影响，引导学生思考科技创新中的道德责任与社会效应，促使学生形成全面发展的综合素质。通过与国际教育理念的对接，课程思政的育人目标得以更加国际化，使学生在全球化背景下更具竞争力与责任感。

（二）理论体系的系统化与多维度发展

思政课程与课程思政的协同育人理论，经过多年的实践与探索，已经在国内逐步形成了系统化、多维度的发展框架。这一理论体系的完善体现在育人目标、实施路径、教育内容等多个方面，使思想政治教育的理论体系更加立体与全面。

1. 育人目标的系统化设计

思政课程与课程思政协同育人的目标不仅仅是传授思想政治知识，更是培养具有家国情怀、社会责任感和综合素质的新时代人才。因此，育人目标的设计要体现系统化与综合性。这不仅包括知识层面的教育目标，还涵盖了道德、情感、社会责任等多方面的要求。例如，课程思政强调通过学科教学培养学生的批判性思维与社会责任感，而这些目标在具体实施过程中需要进行有机整合。

育人目标的系统化设计有助于将思想政治教育与专业教育有机结合，避免将二者割裂开来。例如，在法学课程中，教师不仅要传授学生法律条文和程序知识，还要引导他们思考法律与公平正义的关系，从而形成法律职业中的道德责任感。在这种系统化的目标设计下，学生不仅能够掌握专业技能，还能够在专业学习过程中培养良好的职业道德和社会责任。

2. 实施路径的多维度拓展

课程思政理论的发展不仅在理论框架上日趋完善，其实施路径也呈现出多维度的拓展。通过线上与线下相结合的教学模式、跨学科的教学设计以及与社会实践的有机结合，课程思政的实施路径更加多元化。特别是随着信息技术的发展，课程思政通过新媒体平台、线上教学等手段，使思政教育更加灵活、互动，能够覆盖更多的学生群体。学校可以利用网络平台组织跨学科的在线讲座，邀请不同学科的专家进行主题讨论，将思政教育融入各类学科的学习中。同时，学校还可以通过社会实践活动，让学生在实际社会情境中践行思政教育内容。例如，通过社会调研、志愿服务等活动，学生不仅能够巩固学科知识，还能在实践中理解社会责任与价值观念的作用。这些多维度的实施路径，不仅扩大了课程思政的影响力，还为学生提供了更加丰富的学习体验。

3. 教育内容的多元化与立体化

在课程思政的理论体系中，教育内容的多元化与立体化是其重要发展方向之一。通过将思政内容与专业课程内容紧密结合，课程思政的教育内容更加多元化，涵盖了专业知识、道德伦理、社会责任等多个层面。同时，思政教育的立体化表现为通过线上、线下、课堂内外等多种渠道进行教育内容的传递，使思政教育更加生动、具体。

例如，在医学课程中，教师可以通过讲述医学伦理与临床案例的结合，引导学生思考医学技术的应用对社会的影响；在工程技术课程中，教师可以通过讨论技术创新与环保责任的关系，让学生在学习技术知识的同时，认识到环保意识的重要性。这种多元化与立体化的教育内容设计，提升了课程思政的实践效果，也为思想政治教育理论体系的完善提供了支持。

思政课程与课程思政的协同育人理论不仅在国内逐步形成了系统化、多维度的理论发展框架，还通过与国际先进教育理念的融合，进一步拓展了思想政治教育的国际化视野。通过借鉴通识教育与德育理念，课程思政的育人目标更加符合全球化背景下的人才需求；通过系统化的目标设计、多维度的实施路径和多元化的教育内容，课程思政为新时代的思想政治教育提供了全面而具体的理论支持。未来，随着全球教育理念的不断融合与发展，课程思政将继续完善其理论体系，为培养具有国际视野、社会责任感和全面素质的学生贡献更多智慧。

第二节 推进思政课程与课程思政协同育人的现实价值

一、推动高校立德树人的根本任务

立德树人是高校教育的根本任务，也是推动人才培养、提升国家核心竞争力的重要途径。在思政课程与课程思政的协同育人模式下，高校不仅能够实现思想政治教育的全覆盖，还可以通过多学科的知识体系传递思想政治理念，进一步提升育人质量与成效。通过将思想政治教育融入各类课程，协同育人模式帮助高校实现全方位、全过程的育人目标，推动高校立德树人的根本任务。

（一）实现思想政治教育的全覆盖

思政课程与课程思政的协同育人理念通过将思想政治教育扩展至各类学科课程，实现了思想政治教育全覆盖。这一模式突破了以往思想政治教育仅限于专门课程的局限，使思想政治教育能够渗透到所有学科和课程体系中，涵盖了高校的全部教育教学活动。

1. 从单一课程到全学科课程的全面覆盖

传统的思想政治教育往往集中在专门的思政课程中，而其他学科课程则主要以专业知识的传授为主，较少涉及思想政治教育内容。然而，随着课程思政理念的提出，思想政治教育逐渐从专门课程延伸到各类专业课程之中，形成了从单一课程到全学科课程的全面覆盖。例如，在经济管理课程中，教师可以通过讲授企业社会责任等内容，将思想政治教育内容融入课程教学中；在医学课程中，教师可以通过讲解医德和临床伦理，将思政理念传递给学生。

这种全覆盖的模式不仅使思想政治教育能够在更广泛的领域中发挥作用，还能够帮助学生在不同的学科中理解思想政治教育的重要性，进而在学习中树立正确的价值观。这种覆盖全学科的育人模式，使思想政治教育不再局限于思政课堂，而是在每一个学科中都得到有效的体现和渗透，从而形成全方位的育人体系。

2. 思想政治教育的广泛渗透与多元化发展

通过思政课程与课程思政的协同育人，思想政治教育的覆盖范围扩展到了校园文化建设、社会实践等多个领域。高校可以通过在校园活动、志愿服务、社团组织等活动中融入思想政治教育，帮助学生在课堂之外继续接受思想政治理念的熏陶。例如，学校可以组织爱国主义教育活动、志愿服务活动等，让学生通过参与社会活动，体会思想政治教育的现实意义。

（二）提升育人质量和育人成效

协同育人模式不仅实现了思想政治教育的全覆盖，还通过多学科、多维度的知识体系提升了育人质量与育人成效。这种模式通过在各类课程中有机融入思政教育，增强了教学的实效性和针对性，使学生能够在不同的学科领域中接受思想政治教育，从而提升整体育人效果。

1. 多学科融合提升育人效果

思政课程与课程思政的协同育人模式强调多学科的协同作用，通过不同学科领域的知识传授，帮助学生全面理解和内化思想政治理念。例如，在工科课程中，学生不仅学习工程技术，还能够通过讨论工程伦理、技术与社会责任的关系，培养其社会责任感和职业道德；在艺术类课程中，学生可以通过分析艺术作品中的人文精神和社会价值，增强其文化自信与人文素养。

这种多学科的融合模式，不仅丰富了学生的知识体系，还使思想政治教育更加贴近实际，更具针对性与时效性。通过在不同学科中传递思想政治教育理念，协同育人模式帮助学生在学习专业知识的同时，提升思想道德水平、增强社会责任感，真正实现了全面育人的目标。

2. 多维度的教育路径提高育人质量

除了多学科融合，协同育人模式还通过多维度的教育路径提升育人质量。例如，学校可以通过线上与线下相结合的教学模式，让学生在课堂之外也能接受思想政治教育；同时，还可以通过社会实践、志愿服务等活动，让学生在实际生活中感受到思想政治教育的现实意义。这种多维度的教育模式打破了传统课堂教学的局限性，帮助学生在多种情境中学习和实践思想政治理念。

通过这种多维度的教育路径，协同育人模式提升了思想政治教育的整体成效。例如，在社会实践中，学生可以通过参与社会调研、志愿服务等活动，将所学的思想政治理念应用到实际问题的解决中，从而深化对思想政治教育的理解。这种理论与实践相结合的教学模式不仅提升了学生的综合素质，还增强了思想政治教育的实效性。

3. 学生主体作用的激发

协同育人模式还强调了学生在学习中的主体作用，要求学生在思想政治教育中不仅是知识的接收者，更是积极的参与者和创造者。在这种模式下，学生不仅需要在课堂上学习和理解思想政治教育内容，还需要在生活和实践中主动践行这些理念。通过积极参与课程中的讨论、社会实践中的行动，学生可以将思想政治教育内化为自己的行为准则，提升自主学习和自我教育的能力。

这种学生主体作用的激发，有助于增强思想政治教育的针对性和实效性，让学生不仅在学业上有所进步，还能够在思想道德水平上获得提升，真正实现"立德树人"的目标。

思政课程与课程思政的协同育人模式为高校完成立德树人的根本任务提供了新的路径。通过实现思想政治教育的全覆盖，协同育人模式打破了思政教育的传统界限，将思想政治教育渗透到各类课程和校园生活中；协同育人模式通过多学科、多维度的教学设计，帮助学生在学习知识的同时提升思想道德水平。未来，思政课程与课程思政的协同育人模式将在推动高校立德树人任务的完成中继续发挥重要作用。

二、增强学生的综合素质与社会责任感

在现代社会的快速发展中，培养具备综合素质和强烈社会责任感的创新型人才是高校教育的重要目标。思政课程与课程思政的协同育人模式，通过在专业课程中融入思想政治教育内容，不仅提升了学生的专业能力，还在道德素养、思辨能力和社会责任感等方面为学生提供了多维度的教育支持。通过这一模式，学生能够在学习知识的过程中实现全面发展，并逐步形成正确的价值观和社会责任意识。

（一）培养学生的综合能力与人文素养

在协同育人模式下，思想政治教育不局限于思政课程，而是通过融入各类专业课程，帮助学生在学习专业知识的同时，提升综合素质。这样的教学模式不仅注重学生的专业能力，还重视他们的思辨能力、人文情怀和道德素养，为培养具有创新能力和社会责任感的全面型人才奠定了基础。

1. 专业知识与人文素养的融合

课程思政通过在不同学科中有机融入思想政治教育内容，使学生能够在掌握专业知识的同时，提升其人文素养。例如，在理工科类课程中，教师可以通过讨论技术与社会、科技伦理等问题，引导学生思考技术发展对社会的影响，帮助他们在学习专业技能的同时增强人文关怀和社会责任感；在人文学科类课程中，教师可以通过讨论经典文学作品中的道德选择和社会问题，帮助学生更好地理解人类社会的复杂性和多样性，提升他们的文化素养与思辨能力。

这种专业知识与人文素养的融合，使学生在不同学科的学习中既能够深入掌握专业技能，又能够从人文角度理解知识的社会意义，形成跨学科思维和综合能力。这样的教育模式帮助学生在快速变化的社会环境中具备更强的适应能力和创造力，从而成为具备全球视野、道德责任感和创新精神的综合型人才。

2. 提升学生的创新能力和思辨素养

协同育人模式还通过在课程中融入批判性思维和价值判断的讨论，提升学生的思辨能力与创新素养。例如，在经济学课程中，教师可以通过引导学生理解兼顾经济发展和社会公平，帮助学生理解经济活动中的道德问题和社会责任；在艺术设计类课程中，教师可以引导学生思考设计的社会功能和文化价值，帮助学生在创作过程中兼顾创新与社会效益。这种教学设计能够帮助学生在面对复杂问题时不仅具备专业技能，还能够进行独立思考，综合评估各类社会、经济、文化等因素，从而提高其综合分析与创新能力。

通过思辨能力的提升，学生不仅能够在学术领域表现出色，还能够在实际工作中具备解决复杂问题的能力。这种全面的综合素质培养，为学生在未来的职业生涯中取得成功奠定了坚实的基础。

（二）增强学生的社会责任感与使命意识

在协同育人模式下，课程思政通过多角度的引导，帮助学生在专业学习中体会到社会责任与使命感的价值。通过这种模式，学生能够在知识学习的过程中形成正确的价值观，增强其社会责任感和社会认同感，为他们未来投身社会主义建设和国家发展奠定思想基础。

1. 社会责任感的培养

课程思政通过在专业课程中融入社会责任与道德伦理的讨论，帮助学生在学习过程中自觉意识到自己的社会责任。例如，在环境科学课程中，教师可以通过讨论全球气候变化与可持续发展，帮助学生理解生态文明建设的重要性，培养他们的环保意识与责任感；在法学课程中，教师可以通过讲解法律与社会正义的关系，引导学生树立公平正义的理念，增强他们的法律责任感和职业道德。

通过这些教育内容，学生能够更加清晰地认识到自己在社会中的角色与责任，从而在未来的工作中更加自觉地践行社会责任。这样的教育模式不仅帮助学生提升了个人的道德水平，还增强了他们的社会意识与奉献精神。

2. 使命意识的引导与培养

除了社会责任感，课程思政还注重培养学生的使命意识。通过课程内容的设计与实践活动的引导，学生能够逐渐形成强烈的社会使命感。例如，在历史类课程中，教师可以通过讲解中国革命和建设的历史，帮助学生理解国家发展历程和民族复兴的意义，激发他们为国家和社会贡献力量的使命感；在工程类课程中，教师可以通过讲解技术创新与国家发展的关系，帮助学生认识到技术创新对国家繁荣的重要性，激励他们在专业领域为国家的科技进步和经济发展做出贡献。

通过这些课程设计，学生能够更加深刻地理解社会主义核心价值观的内涵，并自觉将这些价值观内化为自己的思想准则。课程思政不仅帮助学生建立了坚定的理想信念，还为他们未来在国家建设和社会发展中发挥积极作用打下了坚实的思想基础。

3. 专业学习与社会责任的结合

在协同育人模式下，学生的专业学习不仅仅是知识的积累，更是对社会责任感的培养。学校可以通过组织社会实践活动，让学生在真实的社会环境中将所学的专业知识应用于解决实际问题中。例如，医学专业学生可以在实习中通过为患者提供医疗服务，体会到医学工作的社会责任和使命感；经济管理专业学生可以通过参与社会调研，了解国家经济政策与社会发展的关系，增强他们的经济责任感与社会使命感。

这种理论与实践相结合的教育模式，不仅能够帮助学生更加深入地理解专业知识，还能够让他们在实践中体会到社会责任的现实意义。这种结合模式增强了思政教育的实效性和感染力，使学生在实践中逐渐内化社会主义核心价值观，并将其应用于未来的职业发展中。

思政课程与课程思政的协同育人模式，通过在专业课程中融入思想政治教育，提升了学生的综合素质，增强了其社会责任感。通过这一模式，学生不仅能够在学习中提升思辨能力和创新能力，还能够逐步形成强烈的社会责任感和使命意识。未来，随着协同育人模式的不断发展，思想政治教育将继续在培养全面型、创新型人才中发挥重要作用，为国家和社会的发展提供更多优秀的人才。

三、服务国家发展战略与社会需求

在当前中国特色社会主义新时代背景下，国家对人才的需求日益增长，尤其是具有高度社会责任感和扎实专业能力的复合型人才。思政课程与课程思政的协同育人模式，通过将思想政治教育与专业课程相结合，帮助学生在多维度上实现全面发展，为国家现代化建设和社会的实际需求提供了有力的智力支持。这一模式不仅适应了新时代社会主义建设的要求，也有效满足了社会对复合型人才的现实需求。

（一）适应新时代社会主义建设的需求

随着中国进入新时代，社会主义现代化建设对各类人才提出了更高的要求。新时代建设需要的人才不仅要具备扎实的专业能力，还必须具备坚定的政治信念、强烈的社会责任感和较强的创新能力。因此，思政课程与课程思政的协同育人模式在适应新时代社会主义建设需求方面发挥着重要作用。

1. 培养具有坚定政治信念与社会责任感的人才

新时代中国特色社会主义建设迫切需要一批具备坚定理想信念和责任意识的建设者和接班人。通过课程思政，思想政治教育能够有机融入各类课程中，帮助学生在学习专业知识的同时形成正确的政治信念和社会责任感。例如，在法学专业课程中，教师可以通过讲解法律与公平正义的关系，帮助学生树立法律人的社会责任意识，增强他们对国家法治建设的责任感;在医学专业课程中,教师可以通过引导学生思考医疗道德与公共健康的关系,培养学生关爱生命、服务社会的医者使命感。

通过这种方式,学生不仅能够在各自的专业领域取得卓越成就,还能够自觉承担起服务国家、服务社会的责任,成为新时代中国特色社会主义事业的中坚力量。这种扎根于课程思政的协同育人模式,为国家培养了大量具备政治信念与责任意识的高素质人才,推动了国家现代化建设的持续发展。

2. 提升学生的综合创新能力

新时代的社会主义建设不仅需要政治信念坚定的人才,还需要具有创新思维和实践能力的复合型人才。课程思政通过在各类专业课程中融入思想政治教育内容,帮助学生将理论知识与实际问题相结合,从而提升他们的创新能力。例如,在工程类课程中,教师可以引导学生思考技术创新与社会发展的关系,帮助学生认识到技术创新对国家现代化建设的推动作用;在经济管理课程中,教师可以通过分析经济政策与社会发展,激发学生的创新思维和社会责任感,使其在未来的职业生涯中能够不断创新并为社会发展做出贡献。

这种注重创新能力培养的育人模式,不仅提升了学生的综合素质,还为国家的技术进步与经济发展提供了重要的人才支持。

(二)满足社会对复合型人才的需求

随着社会经济的迅速发展,现代社会对具有综合素质的复合型人才的需求不断增加。无论是科技、经济,还是文化、教育等领域,都迫切需要那些既具备扎实专业知识,又具备较强社会责任感、创新能力和人文素养的全面型人才。思政课程与课程思政协同育人模式正是通过多维度的教育帮助学生全面发展,满足社会对复合型人才的现实需求。

1. 培养具备多学科综合素质的复合型人才

社会对复合型人才的需求,不仅要求学生在某一学科领域具备专业技能,还要求其具备跨学科的思维能力和人文素养。课程思政通过在不同学科中有机融入思想政治教育内容,帮助学生在学习专业知识的同时,提升其跨学科的综合素质。例如,理工科学生不仅要掌握技术知识,还需要具备人文素养和社会责任感,能够理解技术创新对社会的深远影响;文科学生不仅要关注社会问题,还要运用现代科技手段,提升自身的分析与解决问题的能力。

这种复合型人才的培养模式，使学生在职业发展中具备更强的适应性与创造力。通过跨学科的知识融合与价值观引导，课程思政帮助学生在多个领域中全面发展，从而更好地满足社会对复合型人才的需求。

2. 增强学生的责任意识与创新精神

在当今社会，各行各业都需要具备社会责任感和创新精神的高素质人才。协同育人模式通过在课程中融入社会责任和道德伦理的讨论，帮助学生在学习过程中自觉认识到自己的社会责任。例如，在商业管理类课程中，教师可以引导学生探讨企业社会责任与商业道德的关系，帮助学生理解商业决策对社会的影响，培养他们的社会责任意识；在工程设计类课程中，教师可以通过引导学生关注环保与技术创新的关系，激发学生的创新思维，帮助他们在未来的工作中兼顾经济效益与社会效益。

这种注重责任意识与创新精神的培养，使学生在未来的职业生涯中能够自觉承担社会责任，勇于创新，不断提升自身的社会价值和职业贡献度。

3. 满足社会对创新型、责任型人才的需求

随着全球竞争的加剧和社会分工的复杂化，社会对创新型、责任型人才的需求越发迫切。课程思政通过多学科的协同育人模式，帮助学生在知识学习中增强责任意识和创新精神，从而更好地适应社会需求。例如，科技类企业需要具备创新思维和技术能力的人才，而公共服务领域需要具备责任意识和服务精神的人才。通过课程思政的多维度教育，学生能够在各自的专业领域发挥创新潜力，培养社会责任感，成为适应现代社会发展需求的高素质人才。

思政课程与课程思政协同育人模式通过适应新时代社会主义建设的需求，培养了大批具有扎实的专业能力、坚定的政治信念和社会责任感的复合型人才。这一模式不仅帮助学生提升了综合素质和创新能力，还满足了社会对复合型人才、创新型人才和责任型人才的需求。

第三节　高校思政课程与课程思政协同育人的实践价值

一、提升课程建设的创新性与多样性

在新时代的教育背景下,思政课程与课程思政的协同育人模式对高校课程建设提出了更高要求。课程建设不仅要实现知识的传授,还要通过创新的教学模式与多样的课程设计,提升教学效果与育人成效。通过推动教学模式的创新、增强课程设计的多样性,协同育人模式能够将思想政治教育与专业知识有机结合,进一步丰富课程内涵,增强学生的学习体验与社会责任感。

(一) 推动教学模式的创新

协同育人模式强调在教学过程中对内容、方法和手段的创新。教师在课程设计中不仅要关注知识的传授,还要通过教学模式的创新将思政元素自然融入课程中,激发学生的学习兴趣,提高教学效果。

1. 案例教学的应用

案例教学作为一种创新性教学手段,能够通过现实生活中的具体案例,将理论知识与实际问题相结合,帮助学生在分析和解决问题的过程中理解思政元素。例如,在经济学课程中,教师可以通过案例分析全球经济变化与国家政策的互动,帮助学生理解国家经济政策背后的价值导向和社会责任;在管理学课程中,教师可以通过企业社会责任的案例,引导学生思考企业如何平衡利润与社会责任的关系,增强他们的社会责任感与职业道德意识。

2. 情景模拟教学的引入

情景模拟教学是一种创新的教学方式,通过为学生创造接近真实的场景,引导他们在实践中运用所学知识,并接受思想政治教育。例如,在法学课程中,教师可以通过模拟法庭审判,让学生在扮演不同角色的过程中思考法律与正义的关系;在医学课程中,教师可以通过模拟医疗诊断与救治,让学生在实际操作中感受到医者仁心的意义与重要性。

通过情景模拟,学生不仅能够提升实践技能,还能在模拟场景中深刻体会到思政

教育的重要性。这种教学方式不仅增强了课堂的互动性与参与度，还帮助学生通过实践加深对知识的理解，增强思想政治教育的感染力与渗透力。

（二）增强课程设计的多样性与实效性

协同育人模式下，课程设计的多样性与实效性是提升教学效果的重要保障。通过跨学科、多维度的课程设计，课程不仅在形式上更加多样，还能够通过增强思政内容与专业知识的关联性，使教学内容更加贴近现实生活，增强教学的实效性。

1. 跨学科课程设计

跨学科的课程设计是增强课程多样性的重要途径。在协同育人模式下，思想政治教育不仅仅局限于思政课程，还可以与各类专业课程有机融合。例如，在理工科课程中，教师可以通过结合社会伦理与技术创新，引导学生思考科技进步中的社会责任与伦理问题；在人文学科课程中，教师可以通过分析历史事件中的道德选择和社会责任，帮助学生提升对历史的理解与人文关怀。

跨学科的课程设计不仅能够提升学生的综合素养，还能够在不同学科之间实现知识的融会贯通，使学生在学习过程中自觉接受思想政治教育。这种多学科的融合使课程内容更加立体化、多维化，提升了教学的深度与广度。

2. 多维度教学内容的设计

在协同育人模式中，教师还可以通过设计多维度的教学内容，使思政元素与专业知识更加紧密结合。例如，在社会科学类课程中，教师可以通过分析社会问题的多角度视角，引导学生从政治、经济、文化等多维度理解问题的本质；在艺术设计课程中，教师可以通过结合美学、文化与社会责任的讨论，帮助学生理解创作中的社会影响与道德选择。

这种多维度的教学设计使学生不仅能够从单一角度学习专业知识，还能够从不同角度理解知识的社会应用与思想内涵，提升他们的分析能力与综合素质。这种多维度的设计使课程思政的教育内容更加丰富，有助于增强学生对思想政治教育的认同感与参与感。

3. 实效性的增强

通过课程设计的多样性，协同育人模式还能够有效增强课程的实效性。在课程教学中，教师不仅要传授学生理论知识，还要引导他们将所学知识应用到现实生活中。

例如，在工程学课程中，教师可以通过设计与社会实际问题相关的工程项目，帮助学生在解决实际问题的过程中理解专业知识与社会责任的关系；在商科课程中，教师可以通过分析企业经营中的道德问题，帮助学生理解商业活动中的伦理选择与社会效益。

这种贴近现实的课程设计，增强了思政内容的实践性与应用性，使思想政治教育不仅存在于课堂之内，还能够融入学生的实际生活与未来职业发展中。这种实效性的增强，有助于提升课程思政的教育效果，使学生在多种情境下接受思政教育并内化为自身的行为准则。

提升课程建设的创新性与多样性，是思政课程与课程思政协同育人模式中的重要任务。通过推动教学模式的创新、增强课程设计的多样性，教师能够将思想政治教育内容更加自然地融入专业课程中，激发学生的学习兴趣，提升教学的实效性。通过案例教学、情景模拟等创新手段，课程思政能够更加贴近现实，帮助学生在学习过程中形成正确的价值观、增强社会责任感，促进他们的全面发展。在未来的教学实践中，协同育人模式将继续推动课程建设的创新与发展，为高校育人目标的实现提供更有力的支持。

二、促进教师的教学水平与综合素质提升

在思政课程与课程思政的协同育人模式下，教师不仅是知识的传授者，更是学生思想政治教育的重要引导者。通过参与协同育人，教师需要不断提升自身的教学能力、增强育人意识，进而促进整体教学水平的提升。通过加强教学能力与育人意识，教师队伍能够更好地满足新时代的教育需求，形成具备专业素养和思政教育能力的"双师型"教师队伍。

（一）提升教师的教学能力

思政课程与课程思政协同育人模式，对教师提出了更高的要求。教师不仅需要掌握专业知识，还需要具备将思想政治教育内容融入专业课程的能力。因此，提升教师的教学能力，特别是课程设计能力和思想政治素养的提升，是协同育人模式中的关键环节。

1. 加强课程设计能力的培养

课程思政强调将思政内容自然融入各类学科课程中，这对教师的课程设计能力提

出了较高要求。教师需要在专业知识的传授过程中有机融入思政元素，使思想政治教育与专业学习相互渗透。例如，在工科课程中，教师需要将工程技术与社会责任、环保意识等结合；在人文学科课程中，教师要在文化、历史的教学中融入爱国主义、社会正义等思政内容。

为了提高课程设计能力，学校可以通过组织教师培训、教学研讨会等形式，帮助教师掌握将思政元素融入各类课程中的技巧。同时，教师也可以通过参与同行之间的教学交流和实践经验分享，不断提升自身的课程设计能力，确保课程思政的实施效果。

2. 提升教师的思想政治素养

除了课程设计能力，教师自身的思想政治素养也是课程思政教学效果的重要保障。教师不仅要传授专业知识，还要通过个人的言行和教学实践，潜移默化地影响学生的思想品德和价值观。因此，教师在参与思政课程与课程思政协同育人的过程中，需要不断提升自身的思想政治素养。

通过思想政治培训和理论学习，教师可以更加深刻地理解中国特色社会主义核心价值观和思想政治教育的内涵，从而更好地将这些内容融入教学过程中。例如，在日常教学中，教师可以通过结合时事热点、国家政策等，帮助学生理解社会问题和国家发展战略，增强学生的家国情怀与责任意识。通过这种方式，教师不仅能够提升自身的思政素养，还能够为学生树立榜样，提升课程思政的教育效果。

3. 培养"双师型"教师队伍

通过提升教学能力与思想政治素养，教师能够在专业知识与思政教育方面形成"双师型"素质。"双师型"教师队伍既能够在专业教学中传授扎实的知识与技能，又能够在思政教育中引导学生形成正确的价值观和社会责任感。这种复合型的教师队伍建设，不仅有助于提高整体的教学水平，还能够为高校的思政课程与课程思政的协同育人提供更有力的支持。

（二）增强教师的育人意识与责任感

在协同育人模式下，教师的育人责任不仅限于知识传授，还包括对学生思想品德和价值观的引导。通过增强教师的育人意识和责任感，协同育人模式能够使每一位教师都成为学生成长中的重要引导者，推动全员育人理念的落地。

1. 培养教师的育人意识

协同育人模式强调所有教师都需要参与育人过程，不论是思政课教师还是专业课教师，都是学生思想政治教育的重要角色。教师不仅要关注学生的学业进步，还要关注他们的思想品德、社会责任感和职业道德。例如，在法学课程中，教师不仅要讲授法律条文，还要引导学生理解法律的社会意义和公平正义；在医学课程中，教师不仅要传授临床技能，还要强调医德的重要性和社会责任感。

通过这种方式，教师能够更加自觉地将思想政治教育融入日常教学中，提升自身的育人意识。同时，学校可以通过定期开展教师思想政治教育研讨会、育人经验分享会等活动，增强教师在育人过程中的主动性与积极性，进一步强化育人意识。

2. 提升教师的责任感与使命感

协同育人不仅要求教师具备育人意识，还要求教师具备较强的责任感和使命感。作为学生成长中的重要引路人，教师在课程教学中承担着帮助学生树立正确价值观的责任。例如，在教学过程中，教师可以通过讨论国家发展战略、社会热点问题等，帮助学生形成社会的责任感与使命感，激发学生对国家和社会发展的关注与参与。

通过这种责任感的培养，教师不仅能够提升教育效果，还能够帮助学生更好地理解社会问题，增强学生的社会责任感与使命感。同时，教师通过自身的责任意识和价值观引导，也能够激励学生树立正确的人生目标和社会理想，从而提升思想政治教育的实效性。

3. 营造全员育人的教育氛围

协同育人模式要求所有教师共同参与育人过程。这不仅需要教师个人的努力，还需要学校整体营造全员育人的教育氛围。在这种氛围下，所有教师都能够感受到育人的责任感与使命感，并且自觉将这种责任融入日常教学中。例如，学校可以通过开展优秀教师表彰、育人经验交流等活动，树立育人典范，激励更多教师主动参与思想政治教育中。

思政课程与课程思政的协同育人模式不仅促进了学生的思想政治教育，还为教师提供了提升教学能力与综合素质的机会。通过不断提升课程设计能力和思想政治素养，教师能够在协同育人中成为"双师型"教师，满足新时代教育的需求；通过增强育人意识和责任感，教师能够更好地引导学生树立正确的价值观，推动全员育人理念的实施。未来，随着协同育人模式的深入推进，教师的教学水平与综合素质将得到进一步提升，为高校的育人目标提供更加坚实的保障。

三、推动学校教育教学体系的完善与发展

思政课程与课程思政的协同育人模式不仅推动了思想政治教育在高校中的全方位覆盖，还促使学校教学体系得到全面的提升与改革。这一模式注重思想政治教育与专业课程的结合，推动了高校教育教学体系的深层变革，不仅完善了教学体系，还为新时代高校育人模式的发展提供了新思路与新路径。

（一）促进教学体系的全方位提升

思政课程与课程思政协同育人模式的核心在于通过双向互动，使教学体系在关注专业知识传授的同时，也能够实现对学生思想政治教育的全方位覆盖。这种双向互动推动了学校教学体系的全面完善，确保思想政治教育与专业学习相辅相成，提升了整体教学质量。

1. 教学内容的全面覆盖

在传统的教学体系中，思想政治教育多限于专门的思政课程，而专业课程的教学往往侧重于知识传授，思想政治内容较少。协同育人模式通过将思政内容融入各类专业课程，使思想政治教育与专业知识融合，覆盖了所有学科。例如，在理工科课程中，教师可以通过探讨科技创新与社会责任、工程伦理等内容，帮助学生在掌握技术的同时理解其社会责任；在人文社科课程中，教师可以通过讨论文化与国家、历史与民族等话题，引导学生增强文化自信和社会责任感。

这种教学内容的全方位覆盖，使思想政治教育不仅存在于专门的思政课程中，还渗透到学生学习的每一个环节，真正实现了"全课程育人"的目标。通过这种方式，学校的教学体系得到了全面提升，教育的实效性与针对性得到了显著增强。

2. 教学形式的多样化创新

协同育人模式推动了教学形式的多样化创新，使思想政治教育更加灵活生动。例如，教师可以通过案例教学、情景模拟、专题讨论等多种形式，将思政教育融入专业知识教学中，增强学生的参与感与学习兴趣。在医学课程中，教师可以通过医疗伦理的案例分析，引导学生讨论医患关系和医疗责任；在法学课程中，教师可以通过模拟法庭，让学生在实际操作中理解法律与正义的关系。

这种教学形式的多样化，不仅丰富了课堂教学的形式，还帮助学生更好地理解和内化所学知识。通过互动性、实践性的教学形式，学生能够在具体情境中将思想政治教育内容与专业学习紧密结合，增强了课程的教育效果。

3. 教学评价体系的优化

协同育人模式的实施还推动了学校教学评价体系的优化。在传统的评价体系中，学生的学习成绩往往是唯一的考核标准，而协同育人模式注重综合评价，不仅关注学生的学业表现，还注重对其思想道德素养、社会责任感的评价。例如，学校可以通过课堂讨论、社会实践、志愿服务等活动，评估学生在实际生活中对思想政治教育内容的理解与践行。这种评价方式的创新，帮助学校更加全面地了解学生的综合素质，促进了教学体系的全面完善。

（二）推动高校育人模式的全新变革

协同育人模式不仅完善了高校的教学体系，还推动了高校育人模式的深度变革。它通过从"单一育德"向"全课程育人"的过渡，突破了传统育人模式的局限，推动了高校育人模式的转型升级，为新时代高校教育的发展提供了新思路和新路径。

1. 从"单一育德"向"全课程育人"的转变

传统的育人模式多以专门的思政课程为主，学生的思想政治教育主要集中在思想政治理论课、党史课等，而其他专业课程专注于专业知识的传授。这种"单一育德"的模式存在较大局限，容易使学生将思政教育与专业学习割裂开来。协同育人模式通过在各类课程中融入思政内容，推动了"全课程育人"模式的形成。

"全课程育人"模式强调所有课程都应承担起思想政治教育的责任。例如，在商科课程中，教师可以通过讲授企业社会责任的案例，帮助学生理解商业伦理与社会效益的关系；在艺术类课程中，教师可以通过探讨艺术创作中的文化责任，引导学生增强社会责任感与艺术使命感。这种模式不仅打破了思政课程与专业课程之间的界限，还帮助学生在学习过程中更全面地接受思想政治教育，推动了高校育人模式的深度变革。

2. 育人模式的多维度拓展

协同育人模式通过将思政教育融入不同学科课程，推动了育人模式的多维度拓展。在这种模式下，思想政治教育不仅存在于课堂教学中，还渗透到学生的课外活动、社会实践等多个领域。例如,学校可以通过组织社会调研、志愿服务等活动,帮助学生在实践中践行所学的思政教育内容;同时,学校还可以通过网络平台、在线学习等形式,丰富思想政治教育的渠道,使学生能够在多种形式下接受思政教育。

这种多维度的育人模式不仅扩大了思想政治教育的覆盖面,还增强了其实效性与灵活性。通过课堂教学与课外实践相结合,学生能够在更广泛的生活场景中接受思想政治教育,增强了思想政治教育的现实意义。

3. 为新时代高校教育发展提供新路径

协同育人模式不仅是对传统育人模式的创新,还为新时代高校教育的发展提供了新路径。在这一模式下,学校的育人目标更加明确,教学形式更加多样,学生的综合素质得到了全面提升。例如,通过在各类课程中融入社会主义核心价值观的教育,学校能够帮助学生树立正确的价值观与世界观,增强他们的社会责任感与使命感;通过课程思政的全方位覆盖,学校的教学内容更加贴近现实,增强了教育的实效性。

协同育人模式为高校提供了更灵活、更全面的育人路径,有助于推动高校教育在新时代背景下的深度发展。它不仅使思想政治教育与专业教育相辅相成,还为学生的全面发展提供了更广阔的空间。

思政课程与课程思政协同育人模式不仅推动了学校教学体系的完善,还促进了高校育人模式的深度变革。通过"全课程育人"模式的实践,学校的教学体系更加注重思想政治教育的全面覆盖,课程设计更加多样化,育人评价更加科学全面。这一模式为新时代高校教育的发展提供了新的思路和路径,有助于推动高校在实现"立德树人"目标的过程中,不断完善自身的教学体系与育人模式,为国家和社会培养更多具有综合素质和社会责任感的创新型人才。

第四节 培养新时代社会主义建设者与接班人

一、坚定学生的理想信念与价值追求

在新时代中国特色社会主义建设中,学生的理想信念和价值追求决定了他们未来的社会责任感与使命感。通过思政课程与课程思政的协同育人,学校能够帮助学生树立正确的世界观、人生观、价值观,增强他们对中国特色社会主义的认同感与政治信

心。这不仅有助于培养具备坚定理想信念的社会主义建设者,还为国家发展和社会进步提供了强大的人才支持。

(一)树立正确的世界观、人生观、价值观

世界观、人生观和价值观是学生思想体系的重要组成部分,也是他们未来成长为社会有用之才的关键。协同育人通过将思想政治教育内容融入各类课程中,帮助学生在学习专业过程中逐步形成和巩固正确的价值观体系,坚定其理想信念。

1. 社会主义核心价值观的引导

社会主义核心价值观是构建学生思想体系的基础。协同育人模式通过思政课程与课程思政的结合,能够将核心价值观的教育渗透到各类学科和教学环节中。例如,在文学课程中,教师可以通过分析经典作品中的爱国情怀、正义力量等思想,引导学生理解社会责任与集体利益的重要性;在科技类课程中,教师可以通过探讨科技创新与国家发展的关系,激发学生为祖国科技进步贡献力量的志向。

这种多学科、多角度的教育模式,能够帮助学生在学习中自觉接受社会主义核心价值观的熏陶,并在实践中内化为自身的信念与追求。通过这种方式,学生不仅掌握了专业知识,还能够树立正确的价值观和人生目标,增强为实现中华民族伟大复兴贡献力量的自觉性。

2. 坚定理想信念

坚定的理想信念是学生未来走向社会、投身社会主义建设的思想动力。协同育人模式通过将理想信念教育贯穿于各类课程,使学生能够在多维度的知识学习中不断强化理想信念。例如,在历史课程中,教师可以通过讲述中国革命与建设的伟大历程,帮助学生认识中国共产党领导下的国家发展道路的正确性,增强他们的历史责任感和时代使命感;在经济学课程中,教师可以通过分析中国特色社会主义市场经济的成功经验,引导学生认识中国特色社会主义制度的优越性。

(二)培养学生的政治认同感

政治认同感是学生对国家制度、政策方针的理解和认同程度,也是他们作为社会主义接班人的重要思想基础。通过思政课程与课程思政的协同,学校能够帮助学生更加深入地理解党和国家的方针政策,增强他们对中国特色社会主义制度的政治认同感与信心。

1. 通过课程思政深化政治认同

课程思政的核心在于将思想政治教育融入专业课程中，使学生在专业学习的同时，能够逐步增强对党和国家的政治认同感。例如，在法学课程中，教师可以通过结合国家法治建设的成就，帮助学生认识到社会主义法治体系的优越性和重要性；在管理学课程中，教师可以通过分析国家政策对企业发展的推动作用，增强学生对国家治理体系和政策方针的理解和认同感。

通过这种结合，学生不仅能够更加深入地理解中国的政治制度和方针政策，还能够增强对国家未来发展的信心，进而自觉承担起作为社会主义建设者的责任。

2. 增强对中国特色社会主义制度的信心

中国特色社会主义制度是中国取得成功的重要保障，也是学生在未来发展中的政治基础。通过思政课程与课程思政的协同，教师能够在各类课程中深入讲解中国特色社会主义制度的独特优势，帮助学生增强对制度的信心。例如，在经济课程中，教师可以通过分析中国经济的快速发展与国家政策之间的关系，帮助学生认识到中国特色社会主义市场经济的活力与优势；在社会科学课程中，教师可以通过讲解社会治理中的国家制度优势，增强学生对社会主义制度的信任。

这种教育模式能够帮助学生形成对中国特色社会主义制度的高度认同感，使他们在未来的工作和生活中更加坚定制度自信。通过对制度优势的深入理解，学生不仅能够增强个人的政治信念，还能够更加积极地参与社会主义现代化建设。

3. 通过实践增强政治认同感

除了课堂教学，实践教育也是增强学生政治认同感的重要手段。学校可以通过组织社会实践、政策调研、志愿服务等活动，帮助学生在实际生活中体验国家制度的优越性。例如，学生可以通过参与调研，感受国家政策在改善人民生活中的作用，从而增强对党和国家的信任与认同感；通过参与社区治理实践，学生可以更好地理解基层社会的运行与国家政策的有效性，增强对中国特色社会主义制度的认同感。

这种理论与实践相结合的教育模式，不仅让学生在理论学习中形成政治认同感，还能够通过实践进一步巩固这种认同感，增强他们对国家的归属感与责任感。

通过思政课程与课程思政的协同育人，学校能够帮助学生树立正确的世界观、人生观、价值观，坚定理想信念，增强政治认同感与制度自信。这一模式通过多学科、多角度的教学方式，将思想政治教育有机融入学生的专业学习中，并通过理论与实践相结合的方式，帮助学生在理解国家发展和社会进步的过程中，逐步形成对中国特色社会主义的坚定认同。

二、培养学生的创新精神与实践能力

在新时代背景下，高校教育不仅要传授学生扎实的专业知识，还要注重培养他们的创新精神与实践能力。思政课程与课程思政的协同育人模式，不仅通过课堂教学激发学生的创新意识，还将思政教育融入社会实践中，帮助学生在实际问题的解决中增强社会责任感与实践能力。通过这种综合的教育模式，学生能够在理论与实践的双重结合中，成为具有开拓精神和服务社会能力的新时代人才。

（一）激发学生的创新意识

创新是推动社会发展的不竭动力，也是当代大学生必须具备的重要素质。思政课程与课程思政协同育人模式通过培养学生的批判性思维和创新精神，帮助他们具备在新时代探索与开拓的能力。

1. 批判性思维与创新精神的培养

批判性思维是创新的前提，协同育人模式通过在各类课程中融入创新元素，帮助学生养成批判性思维的习惯。例如，在经济管理课程中，教师可以引导学生分析全球市场的复杂性和变化规律，鼓励他们质疑传统理论，并提出创新性的商业模式；在科技类课程中，教师可以通过探讨前沿技术的发展趋势，激发学生对未来技术创新的兴趣与思考。

这种跨学科的教学模式有助于学生打破常规思维模式，探索问题的多种解决方案，提升他们的创新意识。通过批判性思维的培养，学生能够在专业领域中寻找创新突破口，激发其主动探索新领域、创造新成果的动力。

2. 课程思政与创新教育的结合

课程思政通过引导学生在专业学习中思考技术、社会、环境等多个方面的关系，帮助他们将创新思维与社会责任相结合。例如，在环境科学课程中，教师可以引导学生思考环境保护与经济发展的平衡问题，鼓励他们提出创新的解决方案，实现经济效益与环境效益的统一；在人文学科课程中，教师可以通过引导学生分析文化创新与社会发展的关系，帮助他们理解文化传承与创新的重要性。

3. 多样化教学方法激发创新意识

协同育人模式通过多样化的教学方法，如案例教学、项目设计、跨学科合作等，进一步激发学生的创新意识。例如，教师可以通过组织跨学科的团队项目，让学生在实际问题中运用所学知识进行创新探索；通过情景模拟和角色扮演等方式，学生可以在仿真场景中锻炼解决复杂问题的能力，并提出创新性解决方案。

（二）提升学生的社会实践能力

社会实践是学生将理论知识转化为实际行动的重要途径。思政课程与课程思政协同育人模式不仅注重课堂教学中的思政教育，还通过社会实践、志愿服务等方式提升学生解决实际问题的能力，使他们具备服务社会的实践能力。

1. 将思政教育融入社会实践

协同育人模式通过将思想政治教育融入社会实践活动，帮助学生在实际行动中深化对社会责任的认识。例如，学校可以组织学生参与社会调研、社区服务等实践活动，让学生在实际的社会问题中应用所学知识，提出切实可行的解决方案。例如，经济类学生可以通过调研，帮助地方政府制订经济发展规划；医学专业学生可以通过参与健康义诊活动，服务偏远地区的居民，增强其社会责任感与职业使命感。

2. 志愿服务中的实践能力提升

志愿服务作为社会实践的重要形式，能够有效提升学生的社会实践能力。通过参与社区志愿服务、环保行动等活动，学生能够在实践中体会到帮助他人和服务社会的意义。例如，学校可以组织学生参与社区养老、助残、环境保护等志愿活动，帮助学生在服务他人的过程中培养其服务精神和团队合作意识。

3. 实习与社会实践结合的模式

协同育人模式还鼓励学生在专业实习中接受思想政治教育，将理论学习与社会实践紧密结合。例如，工程专业学生可以在企业实习中结合技术创新与社会责任，提出兼顾经济效益和社会效益的项目方案；教育专业学生可以通过教育实践，关注教育公平与农村教育发展问题，增强其社会服务能力和教育使命感。

思政课程与课程思政协同育人模式通过培养学生的创新精神与实践能力，为新时代的社会发展和国家建设提供了坚实的人才保障。通过多样化的教学方法，协同育人不仅激发了学生的创新意识，还通过社会实践、志愿服务等活动，提升了学生解决实际问题的能力，增强了其社会服务意识。未来，随着协同育人模式的深入推进，高校教育将进一步推动学生的全面发展，培养出更多具有创新能力与社会责任感的新时代人才。

三、培养具有社会责任感的新时代青年

在新时代中国特色社会主义建设中，培养具备社会责任感和担当意识的青年是实现中华民族伟大复兴的重要任务。通过思政课程与课程思政的结合，协同育人模式帮助学生在专业学习过程中增强公民意识与社会责任感，逐步成长为关心国家命运、积极参与社会发展的合格公民。这种全方位的培养模式不仅能够提升学生的综合素质，还为社会主义现代化建设提供了强有力的人才保障。

（一）增强学生的公民意识与社会责任感

社会责任感与公民意识是新时代青年必须具备的基本素质。通过思政课程与课程思政的结合，学校能够引导学生在学习专业知识的同时理解社会责任的重要性，培养他们关心国家、服务社会的责任意识。

1. 在课堂中培养公民意识

协同育人模式通过在各类课程中融入公民意识和社会责任的教育，引导学生在学习专业知识过程中理解社会责任。例如，在经济学课程中，教师可以通过讨论收入分配与社会公平的问题，引导学生思考如何通过经济手段实现社会正义；在法学课程中，教师可以结合法律案例，帮助学生理解公民权利与社会责任的关系，培养他们的法治意识与社会责任感。

2. 引导学生关注社会问题

课程思政不仅通过专业课程培养学生的专业能力，还通过引导学生关注国家和社会的重大问题，增强他们对社会现实的敏感度。例如，教师可以在课堂上结合国家政策、社会热点话题（如环境保护、人口老龄化等）等，鼓励学生积极思考和讨论。通过这些讨论，学生能够逐步认识到自身与社会的紧密联系，树立起强烈的社会责任感。

3. 通过实践增强责任意识

除了课堂教学，社会实践是增强学生社会责任感的重要途径。学校可以通过组织志愿服务、社会调研、社会实践等活动，帮助学生在实际生活中理解社会责任的含义。例如，学生可以通过参与社区志愿服务，帮助弱势群体，从而感受到社会责任的重要性；通过参与调研，了解国家在实现共同富裕目标中所做的努力，增强其对国家发展和社会进步的责任意识。

（二）为社会主义现代化建设提供人才支持

新时代中国特色社会主义建设需要一批具备理想、担当和能力的青年人才。协同育人模式为国家的现代化建设培养了大批有理想、有本领、有责任感的优秀人才。

1. 培养有理想的新时代青年

理想信念是推动学生成长和发展的重要动力。协同育人通过思政课程与专业课程的结合，帮助学生树立远大的理想与明确的目标。例如，在历史课程中，教师可以通过讲解中国革命的历程，帮助学生理解中国共产党领导下国家发展的伟大成就，激发他们为国家复兴贡献力量的理想信念；在工程技术课程中，教师可以引导学生认识科技创新对国家繁荣发展的重要性，鼓励他们将个人理想与国家需求结合起来。

2. 提升学生的实际本领与能力

社会主义现代化建设需要一批具备扎实专业能力的复合型人才。协同育人模式通过培养学生的综合素质，帮助他们提升实际的本领与能力。例如，学校可以通过跨学科项目实践，帮助学生掌握多领域的知识和技能；通过组织社会实践和实习，使学生在实际工作中锻炼解决问题的能力，增强其应对复杂社会问题的本领。

3. 增强学生的担当精神与社会责任感

新时代中国特色社会主义建设需要具备担当精神的青年人才。协同育人模式通过在教学和实践中强调社会责任与担当意识，帮助学生在成长过程中逐步形成强烈的责任感与担当精神。例如，教师可以在课堂教学中通过经典案例和历史事件，讨论个人与社会责任的关系，引导学生理解国家发展对个人的要求与期望；在社会实践中，学生通过直接参与乡村振兴等项目，能够深刻体会到个人在国家现代化建设中的重要作用。

思政课程与课程思政协同育人模式，通过在课堂教学与社会实践中培养学生的公民意识与社会责任感，帮助他们成长为关心国家命运、具备责任感与担当精神的新时代青年。这一模式不仅提升了学生的综合素质，还增强了他们的社会使命感与责任意识，为国家的社会主义现代化建设提供了坚实的人才支持。未来，随着协同育人模式的深入推进，更多有理想、有担当的青年人才将投身国家发展，为实现中华民族伟大复兴贡献智慧与力量。

第五章 新时代高校课程思政与思政课程协同育人的有效路径

在新时代背景下,高校课程思政与思政课程协同育人已成为高校教育改革的重要方向。其核心目标是将思想政治教育与专业教育深度融合,通过"全员、全程、全方位"育人,实现对学生的全面素质提升。为了实现这一目标,构建一条行之有效的协同育人路径至关重要。课程思政与思政课程协同育人的有效路径不仅需要顶层设计的统筹规划,还需要在课程内容、教学方法、实践活动等方面进行系统性的探索与优化。

第一节 培养高校教师队伍协同育人意识

一、提升教师的思想政治素养

在课程思政与思政课程协同育人模式中,教师不仅是知识的传授者,更是思想政治教育的重要引导者。要确保思政教育的实效性,首先必须提升教师的思想政治素养。通过系统的思想政治教育理论培训和学科知识与思政元素的有机结合,教师能够更加自觉地在教学过程中发挥思政教育的作用,增强学生的思想政治素养与社会责任感。提升教师思想政治素养的工作不仅关系到课程思政的有效落实,也对高校育人体系的长远发展有着深远影响。

(一)思想政治教育理论的深入学习

提升教师的思想政治素养,首先要从理论学习入手。系统的思想政治教育理论培训能够帮助教师深入理解党的教育方针和新时代中国特色社会主义思想,从而增强教师的政治意识和责任感。

1. 系统化的理论培训

学校应定期为高校教师提供系统化的思想政治教育理论培训,通过专题讲座、研讨会、工作坊等形式，帮助教师全面学习党的教育方针和政策，尤其是新时代中国特色社会主义思想的核心内容。通过对理论的深入学习，教师能够更加清晰地认识到教育工作的政治意义，明确自身在立德树人工作中的责任。

例如，教师可以通过学习习近平新时代中国特色社会主义思想中的教育论述，理解教育强国的重要战略地位，认识到思想政治教育是提升学生综合素质、培养社会主义建设者和接班人的重要环节。在这些理论培训中，学校可以邀请专家学者解读国家的教育政策、教育改革方向等，帮助教师把握思政教育在高等教育中的核心定位。

2. 教师政治意识和责任感的增强

系统的思想政治理论学习不仅有助于教师提升自身的政治觉悟，还能够增强他们的责任感和使命感。通过学习党的教育方针和政策，教师可以更好地理解国家对于人才培养的要求，进而在日常教学中自觉承担起引导学生树立正确思想观念的责任。

例如，教师通过学习党的二十大报告中的教育内容，能够更加深入地理解国家对青年的期望，认识到自己作为学生思想政治引路人的重要作用。在这样的理论学习中，教师不仅仅是为了学习理论知识，还能够通过反思自身的教育实践，找到改进教学内容和教学方式的具体方向。

（二）思政元素与学科知识的有机结合

在提升思想政治素养的同时，教师还需学习如何将思政元素与学科专业知识有机结合。不同学科具有不同的思政切入点，教师需要明确如何在专业课程中自然地融入思政教育，使学生在学习专业知识的同时，能够潜移默化地接受思想政治教育。

1. 明确学科与思政教育的结合点

不同学科的教学内容各异，思政教育的切入点也应因学科而异。例如，在历史课程中，教师可以通过分析中国近现代史中的重要事件，培养学生的爱国主义精神，增强他们对中国共产党领导下国家发展的历史认同感；在文学课程中，教师可以通过讨论作品中的人性、社会正义等话题，引导学生反思人生价值观和社会责任感。

此外，理工科课程也有其独特的思政教育切入点。例如，在工科课程中，教师可以通过结合科技创新与国家发展的关系，帮助学生认识到技术进步对国家繁荣的重要性；在信息技术课程中，教师可以通过探讨网络安全与个人隐私保护问题，培养学生在科技领域的责任意识与职业道德。通过明确不同学科的思政结合点，教师能够更加自然地将思政元素融入课堂教学中,确保思政教育的针对性与实效性。

2. 教师培训与专业教学的融合

为了帮助教师更好地实现思政教育与专业教学的融合,学校应在教师培训中设置专门的课程,帮助教师学习将思政元素融入不同学科的教学设计。例如,学校可以通过示范课程、教学研讨等形式,帮助教师掌握如何在理工科课程中融入社会责任、科技伦理等思政元素;在人文学科课程中,学校可以通过案例教学与情境教学的方式,帮助教师理解如何引导学生思考人生价值观和社会责任感。

通过这种专业化的培训,教师不仅能够提升课程设计能力,还能够更加有效地在日常教学中践行思想政治教育。教师在培训中学习到的案例、方法,不仅可以直接应用于实际教学中,还能够为不同学科的教师提供经验借鉴,促进跨学科教学中的思政教育实施。

3. 教学实践中的反思与改进

思政元素与学科知识的有机结合,不仅是教师教学设计的一部分,也是教师不断反思与改进的过程。在日常教学实践中,教师应通过课堂反馈、学生讨论等多种方式,了解学生对思政教育内容的接受程度,及时调整教学策略。例如,教师可以通过学生在课后的讨论、作业中的思考,了解他们对所学知识与思政元素的理解程度,进而根据具体情况优化教学设计。

通过这种反思与改进,教师能够更加精准地将思政教育融入课程中,使思想政治教育更加贴近学生的实际需求与思维特点,确保思政教育的实效性。

提升教师的思想政治素养是确保课程思政与思政课程协同育人模式有效落实的基础工作。通过系统的思想政治教育理论培训,教师能够增强自身的政治意识和责任感;通过学习如何将思政元素与学科知识有机结合,教师能够更加自觉地在专业教学中实现思想政治教育的目标。未来,随着教师思想政治素养的不断提升,课程思政与思政课程协同育人模式将在高校教育中发挥更加积极的作用,推动学生的全面发展和社会主义建设人才的培养。

二、培养教师的协同育人理念与意识

在课程思政与思政课程的协同育人模式下,教师不仅是专业知识的传授者,更是思想政治教育的重要引导者。因此,培养教师的协同育人理念与意识至关重要。通过增强"全员育人"的理念，激发教师的育人积极性与主动性，学校能够更好地构建全体教师共同参与育人的教育机制，确保思政教育内容能够自然融入各类课程中，实现思想政治教育的全面覆盖与深入推进。

（一）增强全员育人理念

"全员育人"理念强调所有教师不仅要承担专业教学任务，还应在教学过程中自觉承担育人的责任。课程思政与思政课程协同育人模式要求教师从单一的知识传授者转变为育人者，帮助学生在学习专业知识的同时树立正确的价值观、人生观和世界观。

1. 强化专业教师的育人意识

在传统的教育模式中，思想政治教育主要由思政课程教师负责，而专业课程教师往往专注于知识传授。然而，协同育人模式打破了这一局限，要求所有教师都参与育人工作。例如，工科教师不仅要传授技术知识，还要引导学生认识到科技发展的社会责任；管理学教师不仅要讲授管理理论，还要引导学生理解企业的社会责任和商业道德。

通过强化育人意识，学校可以帮助专业课教师认识到他们在学生思想政治教育中的重要作用，鼓励他们在专业课程中主动承担育人任务。例如，学校可以组织专题讲座或教师培训，强调思想政治教育与专业知识传授的融合，帮助教师在教学过程中自然融入思政元素。这不仅有助于提升学生的综合素质，也能够推动教师对自身教学角色的重新思考。

2. 构建协同育人的教师机制

为了确保"全员育人"理念的有效实施，学校应构建协同育人的教师机制，让全体教师共同参与育人工作。例如，学校可以通过制定明确的育人职责，让每一位教师都清楚自己的思政教育任务。各个学科的教师可以通过定期的教研活动和跨学科讨论，共同探讨如何将思政教育融入各类课程中。

在这一过程中，学校还可以通过建立跨学科的教师合作机制，鼓励专业课程教师与思政课教师紧密合作，确保思政教育在各类学科中得到有效实施。例如，思政教师可以在课程设计中提供思政教育的具体建议，帮助专业课程教师找到合适的切入点；专业课程教师可以通过与思政教师的合作，提升自己在思想政治教育方面的教学能力。这种协同合作机制有助于推动"全员育人"理念的深入落实，确保思政教育在学校各个层面的覆盖。

（二）激发教师育人的积极性与主动性

在实施协同育人模式的过程中，如何激发教师主动参与思想政治教育，成为确保思政教育效果的重要因素。通过政策引导和激励机制，学校能够鼓励教师在教学中主动融入思政教育内容，提升他们的教学积极性与创新性。

1. 政策引导与制度保障

政策引导是激发教师育人积极性的关键措施。学校可以通过制定相关政策，将思政教育纳入教师的教学职责范围，并在教师考核、职称评定等方面明确思政教育的重要性。例如，学校可以将课程思政纳入教师的教学评价体系中，要求教师在教学设计和课堂实践中体现思政教育内容，并通过学生反馈、教学评估等多种方式对教师的思政教育效果进行综合考核。

此外，学校还可以通过制度保障，确保思政教育的长期有效实施。例如，学校可以通过制定《课程思政教学指南》或《思政教育实施方案》，为教师提供思政教育的具体操作指引，并定期组织教学检查和督导，确保教师能够将思政教育内容融入日常教学中。这种制度保障有助于提升教师对思政教育的重视程度，确保思想政治教育内容在各类课程中的落地实施。

2. 激励机制与教学创新

除了政策引导，激励机制也是激发教师育人主动性的重要手段。学校可以通过设立"课程思政优秀教师"评选、"思政教学创新奖"等方式，表彰在课程思政教学中表现突出的教师，鼓励他们在教学中进行思政教育创新。例如，学校可以通过评选年度优秀思政教师，树立典型案例，并通过学校媒体、宣传栏等形式对优秀教师的经验进行广泛宣传，鼓励更多教师学习和借鉴。

同时，学校还可以通过教学奖励和科研项目支持的方式，鼓励教师在课程思政领域进行教学创新。例如，学校可以设立专项科研经费，支持教师开展课程思政教学研究；通过资助教师参加全国或地方的课程思政教学比赛，提升教师的思政教育能力和创新水平。通过这种激励机制，教师不仅能够在专业教学中更加自觉地融入思政元素，还能够在教学实践中不断创新，增强思政教育的实效性和吸引力。

培养教师的协同育人理念与意识，是确保课程思政与思政课程协同育人模式有效落地的重要任务。通过增强全员育人理念，学校能够让每一位教师都参与思想政治教育中；通过激发教师的育人积极性与主动性，学校能够鼓励教师在教学中自觉融入思政教育内容，并不断创新教学形式和内容。未来，随着协同育人理念的深入推广，高校的思政教育效果将得到进一步提升，推动教师在课程思政教学中发挥更积极的作用，为培养新时代具有理想信念和社会责任感的青年人才贡献力量。

三、加强教师的协同育人教学能力

在课程思政与思政课程协同育人模式下，教师不仅需要具备深厚的学科知识，还需要掌握将思想政治教育有机融入课程的教学技能。为提升教师的协同育人能力，学校应加强教师的教学技能培训，帮助他们掌握多样化的教学方法，同时建立教师教学研究与交流平台，促进教师间的经验分享与协作创新。通过这些举措，教师能够更好地实施课程思政，实现思想政治教育与专业知识传授的有机融合。

（一）开展课程思政与思政课程的教学技能培训

为了帮助教师将思想政治教育有效地融入专业课程中，学校应为教师提供系统的教学技能培训。这些培训不仅要提升教师的专业教学能力，还要帮助他们掌握多样化的教学方法，使其能够在课堂上自然地融入思政教育，增强教学的互动性与实效性。

1. 案例教学法的培训

案例教学法是一种有效将思政教育与专业知识结合的教学方法。通过真实的案例分析，教师可以帮助学生理解理论知识在实际生活中的应用，并引导他们从案例中思考社会责任、职业道德等思政内容。例如，经济学教师可以通过讲解企业社会责任的案例，引导学生思考如何在商业活动中兼顾社会效益与经济利益；医学课程中，教师可以通过讨论医疗伦理案例，帮助学生理解医患关系中的道德责任。

通过案例教学的培训，教师可以学习如何选择、设计和分析案例，如何引导学生在案例讨论中理解思政教育的内涵。这种教学方式不仅能够增强学生的学习兴趣，还能够通过实践中的问题探讨，帮助学生更好地理解思想政治教育的重要性。

2. 情境教学法的培训

情境教学法通过模拟真实的社会场景，帮助学生在模拟环境中实践所学知识，提升其综合能力和思政素养。例如，教师可以通过模拟法庭、商业谈判等方式，让学生在具体场景中扮演不同角色，体验现实中的道德困境与社会责任。通过这些情景模拟，学生不仅能够锻炼实践技能，还能够在具体情景中理解思政教育的内涵。

通过情境教学的培训，教师能够学习如何设计和实施模拟场景，如何在课堂上创设能够激发学生思考的教学情境。情境教学法的运用，不仅提升了课堂的互动性，还增强了学生对思政教育的认同感与接受度。

3. 互动式课堂的设计与实施

互动式课堂强调师生之间的互动与交流，通过讨论、辩论、问答等形式，引导学生在课堂上主动参与思政教育。例如，教师可以通过课堂讨论，引导学生分析时事热点，从中探讨国家政策与社会责任的关系；通过小组辩论，学生可以对特定社会问题进行深入探讨，进一步增强其对社会问题的思考能力与责任意识。

通过互动式课堂的培训，教师可以学习如何通过讨论、辩论等互动方式，激发学生参与课堂的积极性，并通过互动引导学生思考社会问题。这种教学方法不仅能够提升课堂的生动性，还能通过学生之间的交流，增强思想政治教育的渗透力与实效性。

（二）建立教师教学研究与交流平台

除了教学技能的提升，教师之间的经验分享与教学研究也是推动协同育人模式发展的重要手段。通过建立教师教学研究与交流平台，学校可以促进跨学科教学经验交流，帮助教师不断改进教学方法，探索新的协同育人路径。

1. 跨学科教学研究小组

跨学科教学研究小组是推动教师合作与经验交流的重要平台。在协同育人模式下，思政教育不局限于思政课程，而应融入所有学科教学中。因此，教师可以通过组建跨学科研究小组，定期讨论如何在不同学科中自然融入思政元素。比如，理工科教师可以与人文学科教师合作，探讨如何在技术课程中引入科技伦理与社会责任的内容；艺术课程教师可以与历史课程教师合作，设计涉及文化传承与创新的跨学科课程。

通过跨学科教学研究，教师不仅能够学习其他学科的教学经验，还能够发现更多思政教育与专业知识的结合点，提升协同育人的创新性与多样性。

2. 教学沙龙与经验分享会

教学沙龙和经验分享会为教师提供了一个交流教学心得、分享教学成果的平台。学校可以定期组织课程思政教学沙龙，邀请在课程思政教学中表现突出的教师分享他们的成功经验，讨论课程思政中的常见问题与解决方案。例如，教师可以分享如何在大班教学中引入思政教育内容,如何设计适合学生特点的思政教学环节等。

通过这些交流平台,教师可以借鉴他人的成功经验,了解如何更好地将思想政治教育融入日常教学中。这种经验交流不仅有助于提高教师的教学水平,还能够在学校内部形成良好的教学风气,推动课程思政的整体发展。

3. 协同育人教学创新项目

为了进一步推动教师的教学创新,学校还可以设立"协同育人教学创新项目",鼓励教师在课程思政教学中进行创新。通过资助教师开展教学实验、开发新型教学资源、探索新的教学方法,学校可以促进协同育人模式的多样化发展。例如,教师可以通过开发跨学科教学案例、设计新的思政教育课件等,提升课程思政的教学效果。

加强教师的协同育人教学能力是推动课程思政与思政课程协同育人模式有效实施的关键。通过开展系统的教学技能培训,教师能够掌握丰富的教学方法,更好地将思政教育内容融入课堂教学中;通过建立教师教学研究与交流平台,教师可以通过跨学科合作和教学创新,不断改进教学方法,探索协同育人的新路径。随着教师教学能力的不断提升,课程思政的教育效果将得到进一步增强,为学生的全面发展和新时代人才的培养提供更有力的支持。

四、构建"双师型"教师队伍

在课程思政与思政课程协同育人模式中,构建一支既具备专业知识又能胜任思想政治教育的"双师型"教师队伍是确保教育效果的关键。通过推动思政课教师与专业课教师的相互学习、合作,以及建立跨学科教师团队,学校能够促进两类教师之间的协同合作,使他们在各自领域中充分发挥育人作用,实现思想政治教育与专业知识的有机结合,最终形成协同育人的强大合力。

(一)推动思政课教师与专业课教师的相互学习

"双师型"教师队伍的建设依赖于思政课教师与专业课教师的相互学习与协作。通过学科交叉、教学互访等方式,思政课教师能够深入了解专业知识,而专业课教师能加强思想政治教育的能力。两类教师的相互学习和融合有助于打破教学中的学科壁垒,使思想政治教育在各类课程中得以自然渗透。

1. 推动思政课教师学习专业知识

思想政治课教师通过深入学习和理解不同专业的学科知识，可以更好地将思想政治教育内容融入具体的专业课程教学中。例如，思政课教师可以通过学习工科、医学、经济等学科的基础知识，了解其学科特点和行业前沿发展，进而结合思政教育的内容与该学科专业领域的实际需求设计课程。例如，思政教师可以在讲授社会主义核心价值观时，结合工科中的技术伦理问题，引导学生思考科技创新与社会责任的关系；在讨论国家经济政策时，结合经济学中的具体问题，如市场调控与社会公平，帮助学生理解经济发展与社会正义的平衡。

2. 推动专业课教师学习思政内容

同样，专业课教师也应当学习和掌握思想政治教育的核心内容，了解如何在自己的专业课程中融入思政元素。学校可以通过定期组织培训、讲座等形式，帮助专业课教师学习党和国家的教育方针、社会主义核心价值观等思政内容。例如，理工科教师可以通过学习社会主义现代化建设的相关理论，了解国家对科技发展的重视与要求；文学课程教师可以通过学习马克思主义哲学，理解文化建设与社会进步的关系，进而在教学中引导学生思考社会责任与文化传承的意义。

3. 教学互访与合作交流

教学互访是推动思政课教师与专业课教师相互学习、合作交流的有效方式。通过组织不同学科教师的课堂观摩、教学研讨，教师能够相互借鉴和学习对方的教学方法和思政教育经验。例如，专业课教师可以观摩思政课的课堂，学习如何通过互动、讨论等方式有效引导学生的思维；思政课教师可以观摩专业课的教学，了解如何将理论知识与实践相结合，提升学生的综合素养。

（二）建立跨学科教师团队

建立跨学科教师团队是构建"双师型"教师队伍的关键环节。通过组建跨学科教师合作团队，学校能够促进不同学科教师的紧密合作，共同探讨如何在课程设计中融入思政元素，从而形成协同育人的强大合力。

1. 跨学科合作的教学设计

跨学科教师团队通过共同设计教学内容，能够将思想政治教育与不同学科的知识有机融合。例如，工科教师可以与思政课教师合作，设计一门涵盖科技创新与社会责任的课程，通过具体案例探讨技术进步对社会的影响；医学教师可以与思政课教师合作，设计一门有关医学伦理的课程，通过模拟诊断、医疗伦理案例等，引导学生思考医生职业道德与社会责任感。

2. 团队合作推动教学创新

通过跨学科教师团队合作，学校能够推动课程设计与教学形式的创新。例如，教师可以通过设计跨学科的综合案例，将不同学科知识点与思政教育内容融合在一起，通过案例分析、情景模拟等方式，让学生在解决复杂问题的过程中理解社会责任与职业道德的意义。此外，教师还可以通过设计联合课程、跨学科讲座等形式，为学生提供更多元的学习体验，帮助他们在专业学习中提升思想政治素养。

3. 教师协同育人的长效机制

为确保跨学科教师团队的持续发展，学校应建立长效的协同育人机制，定期组织教学交流和合作项目。例如，学校可以设立"协同育人教学创新奖"，鼓励教师在教学中进行跨学科合作与思政教育创新。同时，学校还可以通过定期的教学研讨会、教育论坛等形式，促进教师之间的沟通与交流，帮助他们在教学中不断提升协同育人的水平。

构建"双师型"教师队伍是推动课程思政与思政课程协同育人模式深入实施的关键。通过推动思政课教师与专业课教师的相互学习和合作，学校能够实现教师队伍的知识融合与教学协同；通过建立跨学科教师团队，教师可以在课程设计与教学实施中共同探讨如何融入思政元素，提升协同育人的实效性。未来，随着"双师型"教师队伍的不断壮大，学校将能够在课程思政教学中发挥更加积极的作用，为培养具有社会责任感与综合素质的新时代人才提供坚实的保障。

第二节 统筹协同育人的部署设计

一、高校课程思政与思政课程的顶层设计

高校在课程思政与思政课程的协同育人工作中，顶层设计至关重要。通过制订整体战略规划并将其融入学校的整体教育体系，学校能够实现课程思政与思政课程的全面覆盖，形成具有系统性、制度化的协同育人体系。这一顶层设计不仅为各类课程设

定了明确的育人任务，还确保思想政治教育能够贯穿于教学、科研和社会服务等学校各项职能中，推动全方位的育人目标实现。

（一）制订协同育人的整体战略规划

在课程思政与思政课程的实施过程中，高校需要从顶层设计出发，制订明确的协同育人战略规划。这一战略规划应包含育人目标、实施路径、时间表以及评估标准，为每一个学科明确其在协同育人中的角色与任务。

1. 明确育人目标

协同育人的核心是"立德树人"，高校应通过战略规划明确其育人目标。育人目标应涵盖学生的思想政治素养、社会责任感、创新能力以及综合素质的全面提升。例如，战略规划可以通过设置阶段性目标，要求每一门专业课程在传授专业知识的同时，帮助学生树立正确的世界观、人生观、价值观，增强其社会责任意识与使命感。

在这一过程中，学校应当结合不同学科的特点，提出具体的育人目标。例如，工科类课程可以通过加强技术伦理教育，帮助学生认识到科技发展中的社会责任；经济类课程可以通过分析国家经济政策，增强学生对国家经济发展的认知与认同感。通过这些具体目标的设置，协同育人能够在各学科中得到有效实施。

2. 制定具体实施路径

在战略规划中，高校应制定清晰的实施路径，确保课程思政与思政课程的协同育人能够落到实处。实施路径应涵盖课程设计、教学方法、教师培训、考核评价等多个方面。例如，学校可以通过设计包含思政元素的教学案例、情境教学、互动课堂等方式，帮助教师将思政教育内容自然融入专业教学中；同时，学校可以为教师提供定期培训，帮助他们掌握协同育人的具体方法与技能。

此外，学校还应制定详细的时间表，明确协同育人各个阶段的工作重点和进度安排。例如，可以在第一个学年完成课程思政教学资源的初步开发和教师培训，第二个学年推广协同育人教学实践，第三个学年进行全面评估与优化改进。通过合理的时间安排，学校能够确保协同育人的工作稳步推进。

3. 建立评估标准与反馈机制

为确保课程思政与思政课程协同育人的效果，高校需要在战略规划中设立清晰的评估标准和反馈机制。评估标准应包括学生的思想政治素质、课程教学效果、教师教学参与度等多个维度。例如，学校可以通过学生问卷调查、教师教学评估、课堂观察等方式，定期评估协同育人的实施效果，并根据评估结果进行调整和改进。

同时，学校应建立反馈机制，及时收集和反馈教师在实施课程思政过程中的问题与建议，帮助他们不断优化教学设计和教学方法。通过这种评估与反馈机制，学校能够确保协同育人战略规划的有效实施与持续改进。

（二）融入学校整体教育体系

为了实现课程思政与思政课程的协同育人理念，高校需要将其融入学校的整体教育体系，确保思想政治教育贯穿于学校的教学、科研、社会服务等各项职能中，构建系统化、制度化的协同育人体系。

1. 与学校教学体系的紧密结合

课程思政与思政课程协同育人的理念应当融入学校的整体教学体系中，使思想政治教育成为每一门课程的重要组成部分。高校可以通过教学大纲的修订、课程评价标准的设立等方式，确保每一门课程都能够在教学中融入思政元素。例如，学校可以要求每门课程在教学设计中加入明确的思政教育目标，并在课程考核中评估学生的思政素养。

此外，学校还可以通过课程思政与思政课程的联合设计，使专业课程与思政课程相互补充、相互支撑。例如，专业课程中涉及的社会问题、科技伦理等，可以通过思政课程的讨论与延伸，进一步深化学生对相关问题的理解与思考。通过这种课程间的相互支持，学校能够实现课程思政与思政课程的无缝衔接。

2. 与科研工作相结合

高校的科研工作是推动课程思政与思政课程协同育人的重要途径。学校应鼓励教师在科研中结合国家发展需求，推动科研项目的思政元素融入。例如，理工科教师可以在研究项目中结合国家科技创新战略，帮助学生理解国家科技政策与社会责任；社会科学领域的教师可以通过研究国家政策、社会问题等，培养学生的社会责任感与国家认同感。

3. 与社会服务职能相结合

高校的社会服务职能为课程思政与思政课程协同育人提供了广阔的实践平台。学校可以通过组织学生参与社会实践、志愿服务等活动，将思政教育融入实际行动中。

例如，学校可以通过开展社区服务活动等，让学生在实践中理解国家政策与社会责任，增强其社会使命感与担当意识。

此外，学校还可以通过校企合作、社会调研等形式，将课程思政与社会服务结合起来，帮助学生在解决实际问题中提升思政素养、增强社会责任感。通过这种实践活动的融入，课程思政与思政课程协同育人不仅能够在课堂上实施，还能够通过社会实践进一步深化与拓展。

高校课程思政与思政课程的顶层设计，是确保协同育人工作顺利开展的关键。通过制订整体战略规划，明确育人目标、实施路径、时间表和评估标准，高校能够为各类课程设定相应的育人任务，推动课程思政与思政课程的协同推进；通过将协同育人理念融入学校整体教育体系，确保思想政治教育贯穿于学校的教学、科研和社会服务中，构建系统化、制度化的协同育人体系。未来，随着顶层设计的不断完善，高校的课程思政与思政课程将能够更好地发挥育人作用，为培养具有社会责任感与创新能力的新时代人才提供坚实的保障。

二、协同育人的课程体系设计

协同育人是将思想政治教育融入高校课程的关键环节，其核心在于课程思政与思政课程的有机结合。通过构建一个相互补充、支撑的课程体系，高校能够确保思想政治教育贯穿于整个课程学习过程中，从而实现"全课程育人"的目标。与此同时，制定明确的协同育人课程目标与评价标准，是确保课程思政融入效果的重要步骤。在此基础上，学校可以针对不同学科的特点，设计相应的思政教育内容，进一步提升思政教育的实效性。

（一）课程思政与思政课程的有机结合

在协同育人的课程体系中，课程思政与思政课程并不是相互独立的两个部分，而是彼此补充、相互支撑的整体。思政课程提供思想政治教育的理论基础，而课程思政通过各类专业课程将理论内容进一步深化，使学生能够在学习专业知识的同时，培养正确的世界观、人生观和价值观。

1. 思政课程的理论引领

思政课程作为思想政治教育的专门课程，承担着为学生提供理论基础的作用。例如，思想政治理论课、马克思主义理论课等，通过讲授中国特色社会主义理论体系、党的基本路线和政策方针，为学生打下思想政治教育的理论基础。这些课程帮助学生理解社会主义核心价值观、国家政策、历史使命等内容，并引导他们在未来的学习和生活中自觉践行这些价值观。

同时，思政课程在理论的讲授中也为课程思政的实施提供了方向和依据。例如，学生通过学习社会主义经济理论，可以为后续在经济类专业课程中理解国家经济政策奠定基础；通过学习科技与社会发展的关系，学生在后续的工科课程中能够更加自觉地认识到科技伦理与社会责任的重要性。

2. 课程思政的实践深化

在思政课程提供理论基础的同时，课程思政通过各类专业课程进一步深化思想政治教育的内容。不同学科领域的课程根据其学科特点，通过融入思想政治教育内容，帮助学生将思政理论应用到实际问题中。例如，工科课程可以通过探讨技术创新中的伦理问题，引导学生思考科技对社会发展的影响；医学课程可以通过医疗伦理案例，帮助学生理解医患关系与职业责任。

这种课程思政的实践深化，不仅帮助学生在学习专业知识的过程中自觉接受思想政治教育，还能够增强他们对社会问题的敏感度与责任感，使思想政治教育贯穿于整个课程体系中，真正实现"全课程育人"的目标。

3. 互为补充、相互支撑的协同育人体系

课程思政与思政课程的有机结合形成了一个互为补充、相互支撑的协同育人体系。在这一体系中，思政课程为学生提供了理论框架与思维模式，而课程思政通过各类专业课程将这些理论融入实践，使学生在学习过程中逐步形成正确的思想观念与价值取向。

例如，学校可以通过设计跨学科的课程模块，将思政教育内容融入不同学科的课程中，实现课程之间的相互补充与支持。通过这种方式，学生能够在专业学习中不断深化对思政教育的理解，并通过实际应用进一步巩固和发展思想政治素养。

（二）制定协同育人课程目标与评价标准

为了确保课程思政与思政课程的有机结合能够顺利实施，学校需要为每门课程制定明确的协同育人目标，并设定科学的评价标准。这些目标和标准应根据不同学科的

特点设计，确保思政元素在每门课程中得到有效融入和落实。

1. 制定具体的课程目标

在协同育人课程体系中，课程目标应当体现思政元素融入的深度与广度。例如，工科类课程的协同育人目标可以是"培养学生的科技创新意识与社会责任感"；经济类课程可以设置"引导学生理解国家经济政策与社会公平的关系"的目标；艺术类课程可以设计"帮助学生认识文化传承与社会责任"的目标。通过为每门课程制定具体的协同育人目标，学校能够确保思政教育的内容与专业教学内容紧密结合，形成有机的统一。

这些具体目标的设定，应根据学生的知识水平、学科特点以及国家的教育政策要求进行灵活调整，确保学生在不同阶段的学习过程中能够逐步提升思想政治素养与专业能力。

2. 设计适应不同学科的思政教育内容

在制定课程目标的基础上，学校还应根据不同学科的特点，设计相应的思政教育内容。例如，在理工科课程中，可以通过讨论科技创新中的社会伦理问题，引导学生认识到技术进步的社会责任；在人文学科课程中，可以通过分析文化作品中的社会价值，帮助学生理解文化传承与社会责任感的关系。

通过设计适应不同学科的思政教育内容，学校能够确保思想政治教育有效融入各类课程，并为学生提供丰富的学习体验。这种学科特色的思政教育设计，有助于学生在学习过程中更好地理解社会责任与个人发展之间的关系，增强他们的社会责任感与实践能力。

3. 建立科学的评价标准

为了评估课程思政与思政课程协同育人的实施效果，学校需要建立科学的评价标准。这些标准应当涵盖学生的思想政治素养、课程思政的实施效果以及教师的教学质量等多个维度。例如，学校可以通过学生问卷调查、课堂表现、思政教学效果评估等方式，了解学生对思政教育内容的接受度与理解程度；通过教学评估和反馈机制，帮助教师不断优化课程设计与教学方法。

协同育人的课程体系设计是推动高校课程思政与思政课程有效融合的重要途径。通过课程思政与思政课程的有机结合，学校能够形成一个互为补充、相互支撑的协同育人体系，确保思想政治教育贯穿于整个课程学习过程中。同时，通过制定具体的协同育人课程目标与评价标准，学校能够根据不同学科的特点，设计相应的思政教育内容，并通过科学的评估机制确保课程思政融入的效果。未来，随着协同育人课程体系的不断完善，高校将能够更好地培养具有社会责任感、创新精神和实践能力的新时代人才。

三、实施协同育人的管理机制

为了确保课程思政与思政课程协同育人的顺利推进，高校必须构建有效的管理机制。这不仅包括设立跨部门的协同工作机制，还需要通过完善的考核与激励机制来调动教师的积极性。通过这些管理机制，学校能够实现课程思政与思政课程的有序实施，确保协同育人的整体目标得以有效达成。

（一）建立跨部门协同机制

课程思政与思政课程协同育人是一项系统工程，涉及多个部门的协调与配合。为了确保这项工作的顺利推进，学校需要设立专门的机构，统筹各部门之间的协作，促进课程思政在不同学院、不同学科有效落实。

1. 设立专门机构

高校应设立专门负责统筹协调的机构，如"协同育人办公室"或"课程思政中心"，具体负责推动课程思政与思政课程的统筹实施。这一机构应当直接隶属于校级管理层，确保其在课程设计、资源调配、教师培训等方面拥有足够的权威与支持。该机构的核心任务是制订整体战略规划，协调各部门的合作，确保协同育人工作落到实处。

2. 推动教务处、思政部门与各学院的协同合作

在课程思政与思政课程的实施过程中，教务处、思政部门、各学院以及其他相关职能部门之间的协同合作至关重要。教务处负责课程教学安排、管理课程资源，思政部门负责提供思政教育的理论指导和培训支持。各学院应结合本专业的特点，将思政元素自然融入专业课程中。

为了确保各部门之间的顺利协作，学校应通过定期会议、联合研讨会等方式，保持各部门的沟通和信息交流。例如，学校可以定期召开课程思政专题研讨会，邀请教务处、思政部门以及各学院的代表共同探讨如何优化课程设计、提升思政教育效果。

同时，学校可以通过建立跨部门的协同工作机制，确保各部门在课程思政的实施过程中保持紧密合作与信息共享。

3. 定期组织跨学科教学研究

跨部门协同机制的建立，还应当包含跨学科的教学研究与交流。例如，学校可以定期组织跨学科的教师教学研讨活动，促进各学院教师分享课程思政融入中的经验与挑战。通过跨学科的合作与探讨，教师可以在各自领域中发现更多思政元素与专业知识的结合点，拓展课程思政的广度与深度。

（二）完善协同育人的考核与激励机制

为了调动教师参与协同育人的积极性，学校应完善相关的考核与激励机制，将教师的育人成效纳入绩效考核，并通过物质奖励和授予荣誉称号等形式，激励教师在课程思政的教学实践中发挥更大的作用。

1. 制定教师考核制度

教师是课程思政与思政课程协同育人的重要实施者。因此，学校应当将教师的育人成效纳入绩效考核中。例如，学校可以通过学生评教、课堂观察、课程评估等方式，对教师在课程思政中的表现进行考核。考核标准不仅应关注教师在专业知识传授方面的表现，还应包括他们如何在课程中融入思政元素，帮助学生树立正确的思想观念、增强社会责任感。

此外，学校还可以通过定期教学检查，确保教师在实际教学中落实课程思政的要求。对于在课程思政实施中表现突出的教师，学校应给予适当的表扬和肯定，树立榜样，推动更多教师积极参与协同育人的工作。

2. 建立激励机制

为了提升教师参与课程思政的积极性，学校应当建立健全的激励机制。首先，学校可以设立"课程思政优秀教师奖"或"协同育人创新奖"等荣誉称号，表彰在课程思政实施中表现突出的教师。这不仅能够增强获奖教师的教学荣誉感，还能够激励其他教师在教学中进行创新与改进。

此外，学校还可以通过教学科研项目资助、教学竞赛奖励等方式，鼓励教师在课程思政领域进行创新研究与教学实践。例如，教师可以申请"课程思政创新项目"资助，开发具有创新性和实用性的教学资源，探索新的思政教育模式。通过这种奖励和资助，学校能够促进教师在教学中大胆创新，进一步提升课程思政的实效性与吸引力。

3. 提供晋升机会与发展支持

除了考核与奖励机制，学校还可以将课程思政的育人成效与教师的职业发展、晋升机会挂钩。例如，学校可以将教师在课程思政中的表现作为职称评审、岗位晋升的重要参考标准，鼓励教师在专业教学与思政教育方面共同进步。通过这种职业发展激励，教师不仅能够提升个人的教学水平，还能够在协同育人工作中获得更多的成长与进步机会。

实施协同育人的管理机制，是推动课程思政与思政课程协同育人模式顺利实施的保障。通过建立跨部门的协同工作机制，学校能够确保课程思政在各个学院、各类课程中得到有序推进；通过完善考核与激励机制，学校能够激励教师积极参与课程思政的教学实践，推动思想政治教育与专业教学的有机融合。随着协同育人管理机制的不断完善，高校将能够在课程思政与思政课程的实施中取得更加显著的成效，为培养具有社会责任感和综合素质的新时代人才提供更加坚实的保障。

四、加强协同育人的资源投入与支持

在课程思政与思政课程的协同育人模式下，资源投入与支持是确保协同育人有效实施的重要保障。高校应加大对课程思政与思政课程的资源投入，提供资金、人员、设备等支持，推动课程思政的教学研究与开发。同时，建立全面的课程思政资源库，推动教学资源的共享与集约化利用，确保思政教育内容有效融入各学科。通过这些举措，学校能够为协同育人提供强有力的资源支持，推动思想政治教育的深入落实。

（一）加大协同育人资源的投入

高校在推动课程思政与思政课程协同育人时，必须确保足够的资源支持。这些资源不仅包括资金支持，还应涵盖教学人员、设备和技术平台的全面配备，为教师开展教学研究与课程开发提供充分的保障。

1. 资金支持与专项投入

高校应设立专项资金，专门用于支持课程思政与思政课程的协同育人工作。例如，学校可以设立"课程思政开发基金"，资助教师开展与课程思政相关的教学研究、课程开发以及教学资源建设。通过资金的支持，教师能够有更多的时间和精力投入课程设计、教学创新等工作中，从而提升课程思政的教学效果。

此外，学校还可以通过设立专项奖学金、科研经费，鼓励更多教师和学生参与课程思政的科研与实践。例如，教师可以通过申请项目经费，开发更加符合学科特点的思政教学案例和资源，推动课程内容的不断优化和完善。

2. 配备教学人员与设备支持

为了确保课程思政与思政课程的顺利实施，高校还应为教师配备足够的教学人员与设备支持。例如，学校可以专门聘请具有丰富教学经验和思政教育背景的教师，帮助各学科教师设计和优化课程思政的教学方案。同时，学校还应为教师提供必要的教学设备，如多媒体教室、在线教学平台等，确保课程思政的教学资源在不同学科、不同课堂中得到灵活运用。

此外，学校还应为教师提供充分的技术支持，帮助他们在教学中利用数字化工具和平台进行思政教育的创新。例如，学校可以通过开发在线教学平台和资源共享平台，帮助教师将思政教学资源以数字化形式呈现给学生，从而提升教学的互动性与实效性。

3. 支持教师进行教学研究与课程开发

高校应当为教师提供足够的时间和资源，支持他们进行课程思政与思政课程教学研究与开发。例如，学校可以通过设立教学减负制度，给予教师更多的时间进行课程思政研究与开发；学校还可以为教师提供专门的教研平台，鼓励教师进行跨学科、跨学院合作，推动思政教育深入融合不同学科。

（二）推动课程思政教学资源库建设

为了提高协同育人的资源利用效率，高校应积极推动课程思政教学资源库的建设，汇集各类优秀的教学案例、教材、视频等资源，供全校教师共享与借鉴。这不仅能够减少教师在课程开发中的重复劳动，还能够通过集约化的资源管理，推动课程思政的深入发展。

1. 建设涵盖各学科的课程思政资源库

课程思政资源库的建设应当涵盖学校所有学科，确保各类课程都能够找到符合自身学科特点的思政教育内容。例如，理工科教师可以在资源库中找到科技伦理、工程责任等相关教学案例；经济类课程教师可以查阅国家经济政策、社会公平等领域的教学资源。通过这样的资源汇集，教师可以根据自身课程的需求，灵活选择和借鉴思政教育内容，从而提升教学的针对性和实效性。

课程思政资源库还应当包含教师开发的优秀教学案例、教材和视频等资源。通过对这些教学资源的整理和归类，学校能够为教师提供更加系统化的参考和支持，帮助他们在设计课程时更加高效地融入思政元素。

2. 推动教学资源的共享与集约化利用

为了提高课程思政资源的利用效率，学校应通过在线教学平台实现资源的共享与集约化利用。例如，学校可以通过开发数字化课程思政资源库，供全校教师随时访问和下载。同时，学校还可以通过建立教师教学交流平台，促进教师之间的资源分享与经验交流。

通过这些平台，教师能够更加便捷地获取课程思政的教学资源，并能够通过平台与其他教师分享教学经验、探讨教学中的问题与挑战。这种资源的共享与交流，不仅能够提高思政教学资源的利用率，还能够推动课程思政的教学创新，提升整体教学效果。

3. 定期更新与优化资源库

为了确保课程思政资源库的实用性与时效性，学校应定期对资源库进行更新和优化。例如，学校可以定期收集教师在教学过程中开发的优秀案例、教材和视频，并将其纳入资源库；学校还应根据教学反馈，对已有的教学资源进行优化调整，确保其能够持续适应学生的学习需求和学科的发展变化。

加强协同育人的资源投入与支持，是确保课程思政与思政课程协同育人模式顺利实施的关键。通过加大对资金、人员、设备等资源的投入，高校能够为教师的教学研究与课程开发提供有力保障；通过推动课程思政教学资源库的建设，学校能够实现资源的集约化利用，推动教学资源的共享与优化。未来，随着资源投入与支持力度的不断加大，高校的课程思政与思政课程将能够更加深入地融入教学体系，为培养具有社会责任感与综合素质的新时代人才提供更加坚实的保障。

第三节 营造协同育人的环境氛围

一、构建浓厚的校园思政文化

在高校的课程思政与思政课程研究与实践中，构建浓厚的校园思政文化是实现全方位育人目标的重要手段。通过打造校园思政文化品牌、弘扬校园精神与文化传统，高校不仅能够增强学生对思政教育的认同感与参与感，还能够将思政教育融入学生的日常生活与校园活动中，形成具有特色的校园文化氛围，为思想政治教育的深入开展提供良好的文化土壤。

（一）打造校园思政文化品牌

校园思政文化品牌的构建，是增强学生对思想政治教育认同感与参与感的有效途径。通过开展一系列思想政治教育活动，学校能够在学生中形成独特的文化影响力，促使思政教育在校园生活中形成持久的正向引导。

1. 组织校园思政论坛

校园思政论坛是一个能够引发学生广泛思考与讨论的活动平台。学校可以定期举办思政论坛，邀请学者、专家、社会知名人士围绕当前的社会热点、国家政策、时代责任等主题发表演讲，并与学生进行深入互动讨论。例如，学校可以围绕国家经济发展、科技创新、文化传承等议题举办专题讲座，鼓励学生结合自身的专业学习和社会实践，思考这些问题与自身责任的联系。通过这种形式，学生不仅能够提升对国家和社会的认知，还能够在互动中增强对思政教育的认同感。

2. 策划校园文化节与思政主题活动

思政文化节是将思想政治教育融入校园文化的重要活动形式。学校可以策划"校园思政文化节"，通过展示优秀学生作品、组织文化竞赛、举办主题展览等活动，增强学生的思政参与感。例如，学校可以组织与爱国主义相关的摄影展、演讲比赛、戏剧表演等活动，鼓励学生通过艺术形式表达自己对国家、社会的理解与思考。通过这些活动，学生能够在充满创意和互动的环境中参与思政教育，逐步将思政内容内化为个人的价值追求。

3. 开展主题讲座与沙龙

主题讲座和思政沙龙是校园思政文化建设的重要组成部分。学校可以定期组织与思想政治教育相关的主题讲座，围绕时事热点、政策解读、社会责任等话题进行深度探讨。例如，邀请行业领袖、学术专家分享个人成长经历，讲述如何在职业生涯中践行社会责任；或者围绕国际关系、全球问题等，展开对全球视野下的中国角色和责任的讨论。这些活动能够帮助学生在专业学习的基础上加深对国家战略、社会问题的理解，增强他们的社会责任感与使命意识。

（二）弘扬校园精神与文化传统

校园精神与文化传统是校园思政文化建设的重要内容，将其融入课程思政与思政课程中，不仅能够增强学生对学校历史与文化的认同感，还能够通过传承优秀文化传统，激发学生的责任意识与使命感。

1. 将校训校风融入课程思政与思政课程

校训和校风是学校文化传统的核心表达，将其融入课程思政与思政课程中，是弘扬校园精神的重要方式。例如，学校可以将校训中体现的核心价值观与思想政治教育内容相结合，通过课堂教学、课程设计等方式，引导学生将校训精神内化为个人行为准则。例如，一所强调"创新与责任"的学校可以在课程思政中融入科技创新与社会责任的讨论，引导学生认识到自己在科技发展中的责任与使命。

此外，学校可以通过组织围绕校训精神的主题活动，如"校训精神践行月"、校史知识竞赛等，帮助学生在日常校园生活中增强对学校文化的认同感，培养学生对学校历史的责任感。

2. 传承学校的历史文化

学校的历史文化积淀是校园精神的重要组成部分，将其融入课程思政与思政课程中，能够帮助学生更加深入地理解学校的价值观与使命。例如，学校可以通过开设校史课程、组织校史展览、出版校史书籍等方式，传承学校的历史文化，让学生在学习过程中感受到学校的独特精神。

例如，一所在革命年代中具有重要历史贡献的学校，可以通过思政课程讲述学校的革命历史与英雄事迹，激发学生的爱国情怀和历史责任感。在学校的历史文化展览中，学生能够通过历史图片、文物、故事等，感受到学校的精神传承与时代责任，从而激发对学校文化的深刻认同感。

3. 结合社会责任与文化传承

弘扬校园精神不仅仅是对学校内部文化的传承，更应与社会责任相结合，引导学生将个人发展与社会进步相结合。例如，学校可以在课程思政中融入文化传承与创新的内容，帮助学生认识到在全球化背景下传承与创新本民族文化的重要性。通过讨论如何将传统文化元素融入现代科技、艺术创作等领域，学校不仅能够增强学生对文化传承的责任意识，还能够激发他们在专业学习中创造新价值的动力。

构建浓厚的校园思政文化，是推动课程思政与思政课程协同育人的重要内容。通过打造校园思政文化品牌，开展校园思政论坛、文化节、主题讲座等活动，学校能够增强学生对思想政治教育的认同感与参与感；通过弘扬校园精神与文化传统，将校训校风、学校历史文化融入课程思政，学校能够帮助学生增强对校园文化的认同感，激发他们的社会责任感与使命意识。未来，随着校园思政文化的不断丰富与深入，高校的思想政治教育能够更加全面地覆盖学生的学习与生活，推动育人目标的全面实现。

二、优化校园育人的物质环境

在推进课程思政与思政课程的协同育人工作中，校园的物质环境作为一种潜在的教育力量，发挥着不可忽视的作用。通过建设体现思政教育的校园景观，打造能够渗透思想政治教育内容的物质文化环境，学校可以通过"无声课堂"潜移默化地影响学生的思想价值观。此外，借助现代信息技术，建设思政教育平台，能够提升思想政治教育的互动性与吸引力，使课程思政与思政课程的实际效果得到显著提升。

（一）建设体现思政教育的校园景观

校园景观作为学校文化的物质载体，在思政教育中可以发挥无声育人的作用。通过设计和建设红色文化广场、校史馆、文化长廊等具有教育意义的物理空间，学校可以潜移默化地将思想政治教育融入学生的日常生活中，使校园成为育人的"无声课堂"。

1. 红色文化广场与革命纪念景观

红色文化广场或革命纪念景观是国家历史、革命精神的象征，能够激发学生的爱国主义情怀与社会责任感。学校可以通过在校园中心区域设立红色文化广场，展示与中国共产党革命历史相关的雕塑、壁画、纪念碑等，帮助学生了解中国革命和建设的伟大历程。通过这些景观设计，学生在日常生活中不断接触和感知这些革命精神，增强对国家历史的认同感与使命感。

例如，广场上可以展示革命历史中的重要人物或事件，通过雕像或文字介绍，学生能够在课余时间自发地参观、学习，从而在无形中接受爱国主义和革命精神的熏陶。此外，学校还可以通过举办相关的纪念活动、主题演讲等，进一步深化学生对革命精神的理解与传承。

2. 校史馆与文化长廊

校史馆和文化长廊是传承学校精神、弘扬学校文化的重要载体。通过展示学校的历史发展、重大事件、优秀校友事迹，学校可以引导学生了解学校的文化积淀，增强学生对学校的认同感和自豪感。例如，校史馆可以通过图片、视频、文物等多种方式展示学校的创办历史、发展历程，帮助学生理解学校的历史责任与社会使命。

文化长廊可以通过展示学校的优秀传统、核心价值观和办学理念，将这些内容与课程思政紧密结合。例如，学校可以在文化长廊上展示校训、校风等，通过富有设计感的图文展示，提醒学生在学习和生活中践行学校的精神与价值观。这些物理空间不仅美化了校园环境，还成为学生课余时间的学习场所，促进思想政治教育的潜移默化实施。

3. 思政主题园区

学校还可以专门建设思政主题园区，作为思政教育的实践基地。例如，学校可以设立一片专门的区域，围绕国家政策、社会热点问题、创新创业精神等主题，展示与之相关的政策文件、先进事迹、社会问题等，通过实地参观与学习，帮助学生更直观地理解这些内容。这些园区不仅是校园的景观亮点，也是课程思政教学的重要辅助工具，能够通过互动性和参与性引导学生主动思考和学习。

（二）利用现代技术打造思政教育平台

随着信息技术的发展，利用现代技术打造思政教育平台是提升课程思政与思政课程实际效果的重要方式。通过信息化手段，学校可以打造更加丰富、互动性强的思政教育平台，增强思政教育的吸引力和参与度，激发学生的学习兴趣。

1. 建设在线课程思政平台

在线课程思政平台是信息化背景下推动思想政治教育的重要工具。通过建立一个集资源共享、在线学习、交流互动于一体的思政教育平台，学校能够为学生提供随时随地学习思政教育内容的机会。例如，学校可以通过平台提供思政课程视频、讲座录播、在线讨论等内容，让学生在课后能够继续进行思政学习。

这种平台还可以为学生提供更多的学习选择和自主学习的机会，学生可以根据自己的兴趣和需要选择不同的主题和课程，进一步深化对思政教育的理解。例如，平台上可以开设专题讲座、时政分析等内容，帮助学生通过自主学习深化对国家政策、社会问题等的理解。

2. 利用虚拟现实技术与3D模拟技术

虚拟现实（VR）技术与3D模拟技术是增强思政教育互动性和吸引力的重要工具。通过虚拟现实技术，学校可以设计沉浸式的思政学习体验，帮助学生在虚拟环境中更深刻地理解和体验思政教育内容。例如，学生可以通过VR设备参观虚拟的革命历史场景，体验历史事件的发生与发展，感受革命者的英勇事迹与奋斗精神。

3D模拟技术可以用于课程设计中。例如，通过模拟国家政策的实施效果、社会问题的解决方案等，让学生在模拟环境中思考和解决现实问题，增强他们的社会责任感与实践能力。这些现代技术的引入不仅提升了思政教育的趣味性，还能够通过沉浸式体验让学生更加深刻地理解所学内容，增强课程思政与思政课程的实际效果。

3. 构建互动式思政学习平台

学校还可以利用社交媒体与移动互联网，打造互动式思政学习平台。通过搭建在线讨论区、学生社群、线上线下相结合的学习活动，学校能够为学生提供一个随时互动的学习环境。学生可以通过社交平台发表自己对时政热点的看法、分享思政课程学习心得，进行更加开放和广泛的讨论。

通过这些互动式平台，学生能够打破课堂的限制，自由表达自己的思想与看法，促进思想交流与碰撞。这不仅能够增强学生对思政教育的参与感，还能让他们在讨论中深入思考，逐步形成正确的价值观与社会责任感。

优化校园育人的物质环境是推动课程思政与思政课程协同育人的重要路径。通过建设体现思政教育的校园景观，学校可以通过无声的物理环境影响学生的思想价值观，弘扬爱国主义精神与校园文化；通过利用现代技术打造思政教育平台，学校能够提升思政教育的互动性与吸引力，为学生提供更多元的学习选择与体验。随着校园物质环境的不断优化，学校能够为学生提供更加丰富的思政学习资源，推动思想政治教育在校园生活中的深度渗透。

三、营造良好的师生互动氛围

在课程思政与思政课程的实施过程中，师生之间的互动是确保思想政治教育效果的关键环节。通过推动师生的思想交流互动，构建尊重与信任的教学环境，学校可以在课堂内外建立更加开放、平等的沟通渠道，增强学生对思政教育的参与度和认同感，从而提升教学质量和育人成效。

（一）推动师生思想交流互动

推动师生之间的思想交流，是帮助学生更好理解思政教育内涵的重要途径。通过创造更多的互动机会，教师能够引导学生主动思考、积极表达，使思想政治教育不再局限于理论灌输，而是在师生互动中得以深化和拓展。

1. 师生共话社会热点

学校可以定期组织师生讨论会，围绕当前社会热点、国家政策、国际形势等话题，进行深度讨论和思想碰撞。通过这些交流机会，教师可以引导学生用思政教育的视角去分析和理解社会现象，帮助学生更好地将理论知识与现实问题结合起来。例如，教师可以围绕环保问题、全球化挑战、科技创新等主题，与学生共同讨论这些问题对国家和社会的影响，并引导学生思考自身的责任与使命。

这些讨论会不仅可以让学生从不同角度理解社会问题，还能够促进师生之间的思想交流，增进他们的情感联结。在讨论中，学生可以通过表达个人观点、提出问题，深化对思政教育内容的理解；教师能够通过了解学生的思维方式，更有针对性地设计教学内容。

2. 定期组织思政沙龙与专题讲座

思政沙龙是一种更加自由、开放的思想交流形式，能够为师生之间的互动提供一个轻松的环境。学校可以通过定期组织思政沙龙，邀请教师与学生围绕特定的思政主题展开讨论。例如，围绕"当代青年的责任与担当"这一主题，教师可以分享个人的成长经历、职业发展中的思政感悟，鼓励学生结合自身经历探讨个人与社会的关系。这种沙龙式的交流方式不仅打破了传统课堂的拘谨氛围，还能够在轻松愉快的互动中促进学生对思政内容的思考和理解。此外，专题讲座也是推动师生思想交流的有效方式。教师可以通过讲座形式，将时事热点或重大社会问题与课程思政相结合，帮助学生拓展思政知识，激发他们参与思政教育的兴趣与主动性。

3. 课后师生互动与线上平台

除了课堂内的互动，学校还可以通过线上平台和课后活动，进一步推动师生的交流。例如，教师可以通过在线学习平台、社交媒体等方式，与学生保持密切联系，及时解答他们的疑问，继续引导他们深入思考课上的内容。此外，学校还可以组织教师与学生在课后开展更多的互动活动，如社会实践、公益项目等，让师生在实践中共同体验和践行思政教育的理念，深化他们的思想认同。

（二）构建尊重与信任的教学环境

构建尊重与信任的教学环境是增强思政教育互动性和参与度的基础。只有在一个平等、尊重的环境中，学生才能够自信地表达自己的思想和观点，积极参与课堂讨论，进而实现思政教育的真正目标。

1. 建立平等的师生关系

在传统的教学模式中，教师往往处于知识权威的地位，而学生处于被动接受者的角色。这种师生关系容易限制学生的思想表达和参与度。在课程思政与思政课程中，学校应鼓励教师改变传统的教学方式，建立更加平等的师生关系。例如，教师可以在课堂上更多地倾听学生的想法，给予他们表达自我观点的空间，并通过讨论、提问等方式，鼓励学生对课程内容进行批判性思考。

通过这种平等的互动模式，学生能够感受到教师对他们的尊重，从而更加愿意参与课堂讨论。平等的师生关系不仅能够促进学生的独立思考，还能够帮助他们更好地融入课堂，增强对思政教育的认同感与参与感。

2. 构建尊重与信任的课堂氛围

尊重与信任是构建良好师生关系的基础。教师应当在课堂上营造一种开放、包容的氛围，尊重学生的不同意见和看法，鼓励他们大胆表达自己的想法。例如，在讨论社会问题时，教师可以鼓励学生从多个角度思考，并尊重每一个学生的意见，不论观点是否与主流一致。通过这种尊重与包容，学生能够在课堂中感受到安全与信任，从而更加自信地参与思政教育的互动中。

此外，教师在课堂上还应注重与学生建立信任，通过多样化的教学方式和内容，让学生感受到思政教育的实际意义。例如，教师可以通过分享个人的成长经历、社会见闻等，拉近与学生的心理距离，增加师生之间的情感联结。通过这种信任的建立，学生能够更加积极地参与课堂讨论，愿意分享自己的思想和感受。

3. 鼓励学生积极参与课堂讨论

课堂讨论是思政教育中重要的互动形式。通过讨论，学生不仅能够加深对课程内容的理解，还能够锻炼其表达能力和批判性思维。为了鼓励学生积极参与课堂讨论，教师应设计多样化的讨论话题，创造互动机会。例如，教师可以通过案例分析、小组讨论等方式，帮助学生在讨论中学习和反思，并引导他们思考社会责任与个人发展之间的关系。

营造良好的师生互动氛围是推动课程思政与思政课程协同育人的重要内容。通过推动师生之间的思想交流互动，学校可以为学生提供更多理解和参与思政教育的机会；通过构建尊重与信任的教学环境，教师能够增强学生对课程的参与感，促进思想政治教育的有效实施。随着师生互动氛围的不断优化，思政教育将能够更加深入地融入学生的学习与生活，推动学生在知识学习与价值塑造中的全面成长。

四、发挥社会实践的协同育人作用

社会实践是高校培养学生综合素质的重要途径，也是课程思政与思政课程协同育人的关键环节之一。通过建立社会实践与思政教育的联动机制，并构建多元化的实践育人基地，高校可以帮助学生将课堂所学的思政理论知识与社会实际紧密结合，促进学生在真实的社会场景中深化对思政教育的理解与认同，增强其社会责任感与实践能力。

（一）建立社会实践与思政教育联动机制

将社会实践作为协同育人的重要途径，是提升学生思政教育实效性的重要手段。通过将思想政治教育内容融入社会实践活动，学生可以在亲身参与的过程中体会到思政教育的现实意义，增强对社会的理解与责任感。

1. 志愿服务与思政教育的结合

志愿服务作为社会实践的一种重要形式，是将思政教育融入学生日常行动中的有效方式。学校可以通过组织各类志愿活动，如社区服务、乡村支教、环保行动等，将学生置身于社会服务的实际场景中，帮助他们通过亲身体验理解社会责任和公民义务。例如，学生可以通过在社区服务中帮助老年人等弱势群体，从中感受到社会的不平等与国家政策的重要性，这不仅能够增强他们的社会责任感，还能够通过实际行动践行思政教育中的奉献精神和社会担当。

2. 思政教育融入企业实习中

企业实习是大学生接触职场、理解社会的重要途径，也是将思政教育与专业实践相结合的重要渠道。学校可以与企业建立合作，将思政教育内容融入学生的实习经历中。例如，在企业实习期间，学生可以通过参与公司的社会责任项目、了解企业管理中的伦理问题等，体会到职业道德与社会责任的重要性。通过这样的社会实践，学生不仅能够学到专业技能，还能够将思政理论转化为实际行动，在工作中自觉践行社会责任与职业道德。

3. 思政元素融入社会调查中

社会调查是帮助学生理解社会问题、政策实施效果的重要方式。学校可以通过组织学生进行社会调查，探索国家政策对社会各阶层的影响，引导学生深入思考社会发展中的问题。例如，学生可以对乡村振兴政策、环境保护政策的实施效果进行调研，了解这些政策对基层群众生活的影响。通过调研，学生能够更加全面地认识到国家政策的必要性和思政教育的重要性，并将所学理论与社会实际相结合，形成更深刻的理解。

通过这些社会实践活动，学生不仅能够在行动中理解思政教育的核心内容，还能够通过亲身体验增强社会责任感和使命感，推动思政教育从课堂走向社会，深化学生对思想政治教育的理解。

（二）构建多元化的实践育人基地

为了推动社会实践与思政教育的有机结合，高校需要构建多元化的实践育人基地，为学生提供更多实践机会，让他们在不同领域中将思想政治教育与社会实际紧密结合。通过与政府、企业、社区等建立合作关系，学校可以为学生创造更多思政实践的平台，增强学生的综合能力与社会责任感。

1. 与政府合作：政策实践基地

高校可以与地方政府合作，建立政策实践基地，让学生参与政府政策的实际实施中。例如，学生可以参与乡村振兴政策的调研与落实工作，帮助政府进行政策宣传、数据收集和效果评估。通过参与这些实际工作，学生不仅能够了解国家政策的实施过程，还能够通过实践体会到政策对人民生活的改善作用显著，增强对国家发展战略的认同感和自豪感。

2. 与企业合作：职业责任基地

企业是社会实践的重要合作伙伴，通过与企业建立实践育人基地，学校可以帮助学生在职场中学习职业道德与社会责任。例如，学生可以在企业的社会责任部门、可持续发展项目中进行实习，了解企业如何在市场经济中平衡商业利益与社会责任。这种实践体验不仅有助于学生将思政理论与实际工作相结合，还能够帮助他们形成正确的职业观和社会责任感。

3. 与社区合作：社会服务基地

社区是学生了解社会基层情况的重要窗口。通过与社区合作，学校可以为学生提供更多与居民互动的机会，帮助他们在社区服务中理解社会问题与思政教育内容。例如，学生可以在社区养老院、儿童福利院等服务机构中担任志愿者，通过与老年人、孤儿等弱势群体的接触，体会到社会的多样性与公平正义的重要性。这种社区服务不仅能够增强学生的同理心和责任感，还能够将思政教育中的人文关怀精神转化为实际行动。

4. 与国际合作：全球视野基地

为了帮助学生在全球化背景下理解中国的国际角色与责任，学校还可以与国际组织、非政府组织等建立合作，提供国际社会实践机会。例如，学生可以通过参与国际援助项目、环境保护项目等，了解全球问题与中国在国际社会中的贡献。这种国际视野的拓展能够帮助学生在全球范围内理解国家责任与思政教育的意义，增强其全球公民意识与跨文化沟通能力。

发挥社会实践的协同育人作用，是推动课程思政与思政课程有效结合的关键途径。通过建立社会实践与思政教育的联动机制，将志愿服务、企业实习、社会调查等实践活动与思政教育紧密结合，学校能够帮助学生在行动中深化对思政内容的理解与认同。同时，通过构建多元化的实践育人基地，与政府、企业、社区等建立合作，学校能够为学生提供更多实践机会，增强其社会责任感与实践能力。随着社会实践在思政教育中的不断深入，高校将能够培养出更多具有社会担当与实践能力的新时代人才，为国家和社会的发展贡献力量。

第六章 课程思政与思政课程协同育人的实践研究：以电气专业为例

电气专业作为工科领域中的重要学科，其教育目标不仅在于培养学生的专业知识和技术能力，更在于培养具备社会责任感、职业道德以及创新精神的全面人才。课程思政与思政课程协同育人模式正是为了实现这一目标而设计的，通过将思想政治教育融入电气专业课程，促使学生在学习专业知识的同时，树立正确的价值观，增强社会责任感。

在电气专业的课程思政实践中，教师可以通过挖掘学科内容中的思政元素，将国家能源安全、科技创新、绿色发展等议题融入教学。例如，在"电力系统分析"课程中，教师可以结合国家能源战略和新能源发展，探讨电力供应的安全性和稳定性对社会发展的重要意义，帮助学生认识到电气工程不仅是技术问题，也是国家发展和社会责任的问题。在"自动控制原理"课程中，教师可以引导学生思考科技伦理问题，探讨自动化技术对社会就业、环境影响等方面的挑战与机遇，进一步增强学生的责任意识和职业道德感。

第一节 电气专业课程思政的独特性与必要性

一、电气专业的学科特点与社会责任

电气专业作为工程类学科，在能源利用和电力供应等关键领域发挥着重要作用。该专业不仅技术性强，实践性要求高，还与社会经济的发展密切相关。通过课程思政的融入，学校不仅要培养学生的专业技能，还要增强他们的社会责任意识，帮助学生在专业学习中理解自身在维护国家基础设施、能源安全等方面的重要角色。

（一）电气专业的技术性与工程属性

电气专业作为工程类学科，具有高度的技术性和实践性，涉及电力、能源、自动

化等多个关键领域。在专业学习中，学生需要掌握先进的电气工程技术，学习如何通过科学手段来解决能源供给、输送等方面的实际问题。电气专业的课程内容通常包括电力系统、自动化控制、输配电技术、能源利用等，这些课程内容不仅涵盖理论知识，还强调实际操作能力的培养。

1. 高度的技术性与工程属性

电气工程学科的技术性体现在其对创新技术的高度依赖。在现代电力系统和新能源技术的快速发展中，学生必须掌握包括智能电网、可再生能源发电技术等在内的前沿知识。例如，学生在学习智能电网时，需要理解其在国家能源战略中的作用，掌握如何通过技术手段优化电力资源配置，确保能源利用的效率和稳定性。

同时，电气专业的工程属性也要求学生具备较强的实践能力。学校通过实验室操作、项目设计、企业实习等方式，帮助学生将理论知识与实际工程应用相结合。例如，学生可以通过参与实际工程项目，学习如何解决电力供应中的技术难题，如电力调度、输电线路的稳定运行等问题。这些实践经验不仅能够提升学生的技术能力，还能够帮助他们理解工程项目对社会和经济发展的重要性。

2. 与社会经济发展紧密相关

电气专业的课程内容与社会经济发展有着密切的联系。电力供应是现代社会赖以生存的基础设施之一，电气工程专业的学生未来将担负起确保电力系统稳定运行、推动能源科技创新的责任。例如，电力的可靠供应直接影响到工业生产、居民生活的质量，学生在学习过程中应意识到技术背后的社会价值。这种与社会紧密相连的学科特点要求课程不仅关注技术本身，还要帮助学生理解电力工程对国家经济、社会民生的深远影响。

通过课程思政，学校可以引导学生在学习专业知识的同时，认识到电气工程技术在社会经济发展中的角色和责任。例如，在学习新能源技术时，教师可以引导学生思考新能源发展与环境保护的关系，激发学生对能源可持续发展的关注。这种从技术到社会的拓展，有助于学生形成全面的思维方式，增强其对社会责任的理解。

（二）电气专业对社会发展的重要性

电气工程不仅关乎能源的高效利用，还直接影响到国家的基础设施安全与能源安全。学生在电气专业的学习中，必须意识到自己未来的工作将对国家的能源安全、社会发展产生重大影响。因此，培养电气专业学生的社会责任感至关重要。

1. 能源利用与社会发展

电气工程在国家能源利用和发展中占据核心位置，电力供应的安全与稳定关乎国家整体经济的发展。例如，智能电网、可再生能源发电等新技术的发展，不仅能够提升能源利用效率，还能为减少碳排放、推动绿色经济做出贡献。电气专业的学生需要在专业学习中理解国家对能源安全的需求，认识到自己未来在维护能源稳定供应、推动能源技术创新中的责任。

课程思政可以通过具体案例和国家战略的讲解，引导学生意识到自己所学专业的重要性。例如，教师可以在教学中结合国家"碳达峰、碳中和"目标，讨论电力行业在减少碳排放中的作用，引导学生认识到他们未来在推动绿色能源发展中的重要角色。这种思政内容的融入不仅能够增强学生对社会责任的理解，还能激发他们为国家能源安全贡献力量的决心。

2. 维护国家基础设施与能源安全的责任

电气专业的学生毕业后大多会进入电力行业、能源行业工作，承担起维护国家基础设施的重任。例如，输电线路的安全运行、发电厂的稳定管理，都需要电气工程技术的支持。这些工作不仅涉及复杂的技术操作，还关乎国家的基础设施安全。因此，电气专业的课程思政要特别关注学生社会责任感的培养，帮助他们在学习技术的同时意识到自己在保障国家电力系统稳定运行中的使命。

教师可以通过案例教学、实际工程项目的分析，帮助学生认识到电气工程师在国家基础设施中的重要作用。例如，在讲解电力系统调度时，教师可以结合实际的电网运行案例，展示如何通过技术手段应对电力紧缺、故障处理等问题，帮助学生认识到电气工程师在维护国家能源安全中的关键作用。

电气专业以其技术性和工程属性，直接服务于国家的能源和基础设施建设，是社会发展中的重要学科。通过课程思政的融入，学校可以帮助学生在学习专业知识的同时增强社会责任感，认识到自己在未来工作中承担的社会责任和国家使命。未来，随着技术的发展和能源需求的变化，电气专业的学生将在国家能源安全、基础设施维护等方面发挥更加重要的作用。

二、电气专业课程中融入思政教育的必要性

电气专业作为工科领域的重要学科，其课程不仅关乎技术知识的传授，还与国家

能源安全、公共安全、环境保护等多个领域密切相关。因此，在电气专业课程中融入思政教育不仅能够增强学生的职业道德与社会责任感，还能够帮助他们理解科技伦理和环境保护的必要性。这种课程思政的融入，不仅使学生具备专业技术能力，还能提升他们的综合素养，使其成为具有责任意识与社会使命感的电气工程人才。

（一）培养电气专业学生的职业道德与社会责任感

电气工程专业的学生未来从事的工作直接关系到公共安全、国家能源战略和基础设施的稳定性。因此，培养学生的职业道德和社会责任感尤为重要。通过在课程中融入思政教育，教师可以帮助学生认识到他们未来工作中的责任，帮助他们对公共安全、职业道德和国家使命的深刻理解。

1. 职业道德的培养

电气工程涉及复杂的技术操作，如电力输送、能源调度、设备维护等，这些工作对社会的安全运行至关重要。电气专业学生在未来的职业生涯中必须具备高度的职业道德意识，遵守行业规范和职业操守。通过课程思政，学校可以引导学生认识到职业道德的重要性。例如，在讲授电力系统安全课程时，教师可以通过实际案例，展示不负责任的操作对社会造成的潜在风险，帮助学生理解职业道德不仅仅是技术要求，更是一种社会责任。

此外，课程中还可以通过讨论职业道德规范、行业道德准则等，帮助学生树立正确的职业观。例如，学校可以结合国家电力行业的法律法规，帮助学生理解如何在未来的工作中保证电力设备的安全运行、减少事故发生，提升他们在职业中的道德自觉性和职业荣誉感。

2. 增强学生的社会责任感

电气工程的技术应用直接关系到国家的基础设施安全和能源稳定，这使电气专业的学生在毕业后肩负着重要的社会责任。通过思政教育，学校可以引导学生认识到电气工程不仅是技术工作的实现，还关乎国家战略和社会公共安全。例如，在讲授电网调度和能源管理课程时，教师可以结合国家能源战略讨论，帮助学生理解自己所学的技术如何服务于国家能源安全，并通过具体项目展示电气工程对国家发展的重要贡献。

通过这些课程内容，学生能够深刻认识到自己在未来工作中不仅是技术的实施者，更是维护国家基础设施和能源安全的守护者。这种社会责任感的培养，不仅能够增强学生的责任意识,还能够激发他们为国家和社会贡献力量的使命感。

(二)提升学生的科技伦理与环境保护意识

电气工程与环境、能源问题密切相关,技术的开发和应用在提升经济效益的同时,也伴随着能源消耗、环境污染等问题。因此,在电气专业的教学中融入科技伦理、环境保护等思政教育内容,能够帮助学生树立绿色发展和可持续发展的理念,增强他们对社会和自然的责任感。

1. 科技伦理的融入

电气工程的技术创新常常会带来社会伦理问题,例如如何平衡技术发展与社会福祉之间的关系,如何处理技术应用中的道德风险等。在课程思政中,学校可以引导学生思考科技伦理问题,帮助他们在技术研发和应用中保持对社会、环境的敬畏心。例如,在讲授新能源技术时,教师可以通过讨论技术创新中的伦理问题,如新能源开发与传统能源的平衡、技术的社会影响等,帮助学生认识到科技发展不仅是技术问题,还涉及社会责任和伦理判断。

2. 增强环境保护与可持续发展意识

电气工程与环境保护、绿色发展密切相关,特别是在能源开发、输配电技术中,如何减少碳排放、保护环境是电气工程师必须面对的重要问题。通过在课程中融入环境保护和可持续发展的思政教育内容,教师能够帮助学生认识到自己在技术实践中的环保责任。

例如,教师可以在讲授输配电课程时,引导学生讨论如何通过优化电网技术、采用可再生能源技术,减少电力损耗,降低碳排放量。在讲授可再生能源发电时,教师可以结合全球气候变化问题,引导学生思考如何通过技术手段推动能源的可持续发展,减少对环境的破坏。通过这些思政内容的融入,学生不仅能够掌握前沿技术,还能够形成强烈的环保意识和绿色发展理念。

3. 推动学生在科技发展中的社会责任感

在电气专业课程中融入科技伦理与环境保护意识,能够帮助学生在技术应用中保持对社会和自然的责任感。通过课程思政的引导,学生能够更加深刻地认识到自己在科技进步和环境保护中的责任,并在未来的职业实践中做出更加负责的技术选择。

在电气专业课程中融入思政教育是培养学生职业道德、社会责任感、科技伦理和环保意识的关键途径。通过课程思政，学校能够帮助电气专业学生理解自己未来工作中对国家、社会和环境的责任，使他们不仅成为具备技术能力的工程师，还成为具有社会责任感、道德自觉性和环保意识的社会建设者。随着科技的不断发展，电气工程在社会中的作用越发重要，思政教育的融入将帮助学生更好地应对未来的技术与社会挑战，为国家和社会的可持续发展贡献力量。

第二节　电气专业课程思政的实践路径

一、课程思政内容设计与实施策略

在电气专业的教学中，设计与实施课程思政的内容，不仅能够培养学生的专业技术能力，还能够帮助他们培养正确的职业操守、增强社会责任感和团队合作精神。通过将思政教育与专业课程紧密结合，学校能够为学生的全面发展提供有力支持。课程思政的设计应结合电气专业的特点，并在核心课程中融入思政元素，使学生在学习专业知识的同时，接受思想政治教育的引导，提升其综合素养。

（一）结合专业特色设计思政教育目标

电气专业课程具有较强的技术性和实践性。因此，在课程思政设计时，学校应充分考虑电气专业学生未来的职业需求，设置与其专业发展相匹配的思政教育目标。这些目标不仅要关注学生的职业操守，还应注重培养学生的创新意识、团队合作意识和社会责任感，帮助他们在技术应用中树立正确的价值观。

1. 职业操守与责任感的培养

电气工程涉及国家基础设施、能源安全等关键领域，未来的电气工程师必须具备高度的职业操守和社会责任感。因此，在课程设计中，学校应明确培养学生职业道德和社会责任的目标。例如，学生在未来的职业生涯中，不仅要遵守行业规范，还要自觉维护公共安全，确保技术操作的安全性与可靠性。通过课程思政，教师可以引导学生认识到技术工作不仅是操作机器，还关乎公共利益和国家战略，必须具备高度的责任意识。

2. 创新意识的培养

电气工程技术领域在不断发展，创新是推动行业进步的核心动力。在课程思政中，学校可以通过具体的案例与教学设计，培养学生的创新意识。例如，在讲授电力系统分析或自动控制原理时，教师可以介绍国内外前沿技术发展趋势，激发学生对技术创新的兴趣，并鼓励他们在未来的职业实践中勇于探索和创新。通过这种思政教育，学生能够认识到创新对社会发展的重要性，进而提升他们在未来职业生涯中的创造力。

3. 团队合作意识的培养

电气工程项目往往需要多人合作才能完成，因此，培养学生的团队合作意识至关重要。在课程思政设计中，学校应将团队合作作为一项重要的思政教育目标。例如，在实验课或项目设计中，教师可以通过小组合作的方式，增强学生的团队协作能力，帮助他们认识到个人能力与团队合作相辅相成。通过这种方式，学生能够在未来的工作环境中更好地融入团队，并在合作中发挥自己的技术优势。

（二）在电气专业课程中融入思政元素

为了确保课程思政的有效实施，学校应在电气专业的核心课程中系统融入思政元素。通过将国家能源战略、社会责任等思政内容与专业知识相结合，教师能够引导学生从技术问题的解决延展到对社会问题的思考，帮助学生在学习中理解思政教育的现实意义。

1. "电力系统分析"课程中的思政元素

"电力系统分析"是电气专业的核心课程之一，涵盖了电力系统的运行、规划与安全分析等内容。在该课程中，教师可以融入国家能源战略和电力安全问题的思政内容。例如，在讨论电力供应安全时，教师可以引导学生思考国家能源政策、可再生能源发展等问题，帮助他们理解电力供应的安全性对国家利益和社会稳定的重大意义。同时，教师还可以通过实际案例，分析国际电力竞争和能源安全的关系，增强学生对国家能源战略的认同感。

通过这些思政元素的融入，学生不仅能够掌握电力系统分析的技术知识，还能够认识到自己在维护国家能源安全中的责任，增强其社会责任感与国家意识。

2. "电气设备"课程中的思政教育

"电气设备"课程主要讲授电力设备的工作原理、维护与安全操作等内容，是电气工程技术的基础课程之一。在该课程中，教师可以将设备安全与公共安全相结合，讨论电气设备的安全性如何影响公共利益。例如，在讲授电气设备的维护和操作时，教师可以通过事故案例分析，帮助学生认识到设备操作中的技术失误可能带来的社会危害，进一步增强他们的职业责任感和公共安全意识。

3. "自动控制原理"课程中的社会责任感培养

"自动控制原理"是电气工程中的关键课程，涉及自动化控制系统的设计与应用。在该课程中，教师可以通过引入科技伦理和社会责任的讨论，帮助学生理解科技进步与社会责任之间的平衡。例如，教师可以通过讲解智能控制技术在工业自动化中的应用，引导学生思考技术对就业、社会分配等问题的影响，进而加强他们对社会公平与科技伦理的关注。

在电气专业课程中融入思政教育，是培养学生职业道德、社会责任感、创新意识和团队合作意识的重要途径。通过结合专业特色设计明确的思政教育目标，学校能够帮助学生在掌握技术知识的同时，提升综合素质；通过在核心课程中融入国家能源战略、公共安全、科技伦理等思政元素，教师能够引导学生思考技术与社会、国家之间的关系，增强他们的责任意识与使命感。这种课程思政的设计与实施策略，能够为培养具有全面素质的电气工程人才提供有力保障。

二、通过案例教学提升课程思政实效

案例教学是提升课程思政实效的重要手段之一。通过引入工程实践中的真实案例和历史人物事迹，教师可以帮助学生将理论知识与现实问题相结合，不仅能够提高学生的技术能力，还能够增强他们的社会责任感、职业道德意识以及对国家发展的认同感。通过案例教学，学生能够在实际问题的分析和讨论中理解思政教育的核心内容，使课程思政更加生动、具体。

（一）引入典型工程案例

在电气专业的教学中，引入工程实际案例能够将复杂的技术问题与思政教育有机结合，使学生在分析技术挑战的同时，思考其对社会、国家和环境的影响。通过这些案例，学生能够更加直观地理解技术背后的社会责任和道德问题，进而增强对思政教育内容的认同感。

1. 电力系统与能源工程中的案例分析

电力系统与能源工程是电气专业的重要领域，其项目涉及国家经济、能源安全和环境保护。在教学中，教师可以通过引入这些领域的实际案例，帮助学生理解电力系统在国家发展中的重要作用。例如，教师可以选择特高压输电项目作为教学案例，讨论该项目在提升国家能源输送能力、保障能源安全方面的作用。同时，通过讨论该项目在工程实践中的技术难题，学生可以认识到技术创新对国家能源战略的支撑作用。

在分析特高压输电项目时，教师还可以引导学生思考其对环境的影响。例如，虽然特高压输电能够有效减少能源浪费，但其建设过程中可能涉及环境破坏、土地征用等问题，教师可以通过讨论这些问题，引导学生思考如何在工程实践中平衡技术发展与环境保护的关系。这种思政内容的融入，不仅能够提升学生的环保意识，还能帮助他们认识到技术工作中的伦理责任。

2. 技术与道德问题的探讨

在工程实践中，技术问题与道德责任往往紧密相连。在课程思政中，教师可以通过具体案例，引导学生思考技术工作中的道德问题。例如，教师可以通过讨论电力设备的安全性与可靠性问题，帮助学生理解电气工程师在确保设备安全运行中的道德责任。通过案例分析，学生能够认识到，技术错误不仅会影响经济效益，还可能危害公共安全，因此电气工程师必须具备高度的责任意识。

此外，教师还可以通过引入新能源项目的案例，探讨技术创新中的道德挑战。例如，在开发新能源技术时，如何平衡技术进步与社会福祉，如何在技术推广中考虑公共利益，这些都是工程师必须面对的伦理问题。通过这些案例的讨论，学生能够在技术学习中深刻理解科技伦理的重要性，增强其职业道德意识和社会责任感。

（二）结合历史事件与人物事迹

历史事件和人物事迹是进行思政教育的宝贵资源。通过讲述电力行业中的历史人物事迹和重大事件，教师可以帮助学生从历史角度理解电气工程的发展历程，增强学生的使命感与责任感。同时，通过弘扬行业中的工匠精神，教师能够激发学生对专业学习的热情，帮助他们树立正确的职业观和价值观。

1. 介绍中国电力行业的先进人物和事迹

中国电力行业的发展离不开一代又一代电力人的艰苦奋斗和无私奉献。通过介绍电力行业中的先进人物和事迹，教师可以帮助学生认识到，技术进步的背后离不开工程师的努力。例如，教师可以介绍中国电力行业中的著名人物，如王进喜、黄大年等，通过他们的故事，展现电力工程师在国家电力建设中的贡献和牺牲。这些人物事迹不仅能够激发学生的使命感，还能够帮助他们树立正确的职业观。例如，王进喜在大庆油田中的拼搏精神不仅展现了技术创新的力量，也传递了工匠精神的内涵。通过这些故事，学生能够认识到电气工程不仅是一项技术工作，更是一种责任和使命，电力工程师必须具备勇于担当、甘于奉献的精神。

2. 历史事件中的思政教育

历史事件是进行思政教育的生动教材。通过讲述中国电力行业中的重要历史事件，教师可以帮助学生理解电力行业的发展历程和其在国家发展中的关键作用。例如，教师可以讲述中国电力工业从解放初期的电力匮乏到改革开放后电力快速发展的历史，帮助学生认识到国家在电力领域的巨大投入与努力。

在讲述这些历史事件时，教师可以通过分析这些事件中的关键人物和决策，引导学生理解国家政策对电力行业的影响，帮助他们增强对国家政策的认同感和责任感。同时，通过这些历史事件的回顾，学生能够更加深刻地理解自己在当前电力行业中的角色和使命，激发他们为国家电力事业贡献力量的热情。

通过引入典型工程案例和历史事件、人物事迹，课程思政的实效性能够大大提升。学生在学习技术知识的同时，能够从案例和历史中感受到职业责任与社会责任的重要性。通过这些具体的案例教学，课程思政不再是抽象的理论灌输，而是与专业学习紧密结合的生动实践，能够帮助学生在技术学习中增强使命感、责任感和社会意识，为他们未来的职业发展奠定坚实的思想基础。

三、探索多样化的教学方法

在课程思政与思政课程的教学中，采用多样化的教学方法能够提升学生的学习效果与参与度。通过情境教学、模拟实验以及互动式教学，教师可以将思想政治教育与专业知识的学习有机结合，帮助学生在实践中深刻理解技术与社会责任的关系。多样化的教学方法不仅能够增强课堂的生动性，还能够增强学生的思辨能力和社会责任感，使思政教育更加贴近学生的实际需求与职业发展方向。

（一）情境教学与模拟实验

情境教学和模拟实验是一种结合实际问题进行教学的方式。通过在特定情境中设置技术难题和社会责任讨论，学生能够在动手操作中加深对专业知识的理解，并意识到技术决策中的社会责任。

1. 通过情景模拟理解社会责任

在电气专业课程中，情景模拟是培养学生综合能力的有效方式。教师可以通过设置虚拟的工程场景或模拟实验，帮助学生体验真实的工程问题和决策。例如，在电力系统的故障处理中，教师可以设计一个情景模拟实验，让学生负责处理虚拟电网中的突发故障。在实验过程中，教师可以设置不同的场景，例如设备过载、系统崩溃等，学生需要根据现场情况进行技术处理。

同时，在故障处理的过程中，教师可以引导学生讨论电网安全与公共安全的关系，帮助他们认识到电力系统的安全性不仅关系到电力供应，还与社会的稳定和人民的生活密切相关。通过这种情景模拟，学生不仅能够提升实际操作能力，还能够增强对技术责任与社会责任的理解。

2. 在实验教学中融入安全责任讨论

实验教学是电气工程课程的重要组成部分，能够帮助学生将理论知识转化为实践操作。在实验过程中，教师可以通过设计特定的实验情境，加入与安全责任相关的讨论。例如，在进行电气系统故障实验时，教师可以要求学生在实验结束后讨论故障原因和责任分配。

在讨论中，教师可以引导学生思考，若这种故障发生在真实的电力系统中，可能会造成的后果和社会影响。通过对实际案例的分析，学生能够意识到技术问题背后的社会责任，并在未来的职业生涯中更加谨慎地处理技术决策。通过这种方式，实验教学不仅能够提升学生的技术能力，还能够帮助他们理解技术与公共安全、社会责任的密切关系。

（二）互动式教学与讨论

互动式教学是一种通过师生之间的互动讨论，帮助学生主动参与思考和解决问题的教学方式。在课程思政中，互动式教学不仅能够提高课堂的活跃度，还能够激发学生的思辨能力，引导他们从技术与社会的双重角度进行深入思考。

在电气专业课程中，教师可以通过设置讨论环节，帮助学生从不同角度思考技术问题。例如，教师可以在课堂上提出关于能源危机或环境污染的问题，让学生分组讨论这些社会问题背后的技术原因和解决方案。通过这种互动式讨论，学生能够从技术与社会的双重视角理解问题，并在讨论中形成对思政教育内容的深入认识。

例如，教师可以在讨论能源危机时，引导学生思考传统能源的利用方式、能源浪费问题以及可再生能源的开发与应用。学生可以从技术角度分析如何通过技术创新提升能源利用效率，从社会角度探讨如何通过政策和社会行为改变能源浪费的现状。这种多角度的讨论不仅能够拓展学生的思维广度，还能增强他们的责任感与社会意识。

又如，在讨论环境污染问题时，学生可以讨论电力生产中如何减少污染排放，如何通过技术创新实现能源的绿色转型。同时，教师可以引导学生讨论国家环保政策与技术发展的关系，帮助他们理解技术发展与社会责任之间的平衡。在这种互动式讨论中，学生不仅能够学到技术知识，还能够理解自己在未来职业生涯中对社会和环境的责任，增强他们的社会责任感和科技伦理意识。

通过情境教学与模拟实验、互动式教学与讨论等多样化的教学方法，教师能够将思想政治教育与电气专业知识的学习有效结合，提升课程思政的实效性。学生在这些多样化的教学中，能够通过亲身操作和互动讨论，理解技术问题背后的社会责任和道德挑战。随着教学方法的不断丰富，课程思政能够更加深入地融入学生的专业学习和日常生活中，帮助他们成长为具有社会责任感、创新能力和职业道德的新时代工程人才。

第三节 电气专业思政课程与专业课程的协同实践

一、思政课程与电气专业课程的融合点

课程思政的核心理念在于将思想政治教育与专业课程内容有机融合，使学生在学习专业知识的同时，提升思想政治素养。在电气专业课程中，思政教育具有广泛的融合点，例如社会主义核心价值观、爱国主义精神、社会责任感等内容，这些都可以通过课程设计与专业技术的学习紧密结合。通过探索思想政治教育与技术实践的融合，

学生不仅能够掌握电气工程的核心知识，还能够深刻认识到自己在推动科技进步和服务社会中的责任与使命。

（一）将思政课程与电气课程的目标统一

思政课程与电气专业课程的目标在于共同培养学生的社会责任感、爱国主义精神和技术创新意识。这些目标之间存在天然的结合点，因此在课程设计时应强调两者目标的一致性，使学生在学习技术的过程中认识到其社会责任和政治使命。

1. 社会主义核心价值观与电气工程的社会服务功能

社会主义核心价值观中的"爱国、敬业、诚信、友善"等精神与电气工程中的社会服务功能密切相关。例如，电气工程中的电力供应、能源利用等都直接服务于社会，能够保障社会的基础设施和能源安全。因此，学生在学习电气专业课程时，不仅需要掌握技术技能，还应树立为社会服务、为国家建设贡献力量的精神。在课程设计中，教师可以通过讨论国家电力政策、能源战略等主题，引导学生理解电气工程对国家发展的重要性，并激发他们的爱国主义情怀和社会责任感。

通过这种课程目标的一致性设计，思政课程与专业课程可以相互支持。例如，在"电力系统分析"课程中，学生可以通过学习电力调度的技术手段，认识到电网安全对国家经济和社会稳定的影响。与此同时，思政课程中的社会主义核心价值观能够帮助学生从政治和社会的角度理解技术工作的意义，进一步提升他们的责任感和使命感。

2. 科技进步与社会责任的结合

电气工程技术的进步对国家和社会的发展起着至关重要的作用，科技创新是电气专业的重要内容。在课程设计中，学校可以通过将科技进步与社会责任结合起来，帮助学生认识到技术创新背后的社会使命。例如，新能源技术的开发不仅关系到技术进步，还涉及环境保护、能源安全等社会责任问题。教师可以通过案例分析和实际工程项目的讲解，引导学生思考科技进步对社会的影响，帮助他们理解科技伦理和社会责任的关系。

在这种教学模式下，学生不仅能够掌握电气工程技术的最新进展，还能够认识到科技进步对社会变革的推动作用，从而增强他们的社会责任感和使命感。这种目标统一的设计，能够使学生在学习技术的同时，具备更高的思想政治素养。

（二）探索思想政治教育与技术实践的结合

思想政治教育与技术实践的结合是将思政课程中的理论知识与电气工程实践相融合的有效途径。在课程设计中，教师可以通过引入历史事件、技术变革的实际案例，帮助学生从历史和社会角度看待电气技术的发展，增强他们对社会责任和历史使命的理解。

1. 历史事件中的技术与社会变革

在思政课程中，教师可以通过历史事件的分析，帮助学生理解技术进步对社会的深远影响。例如，在"马克思主义基本原理"课程中，教师可以讲述工业革命对社会生产关系和经济结构的重大变革，引导学生思考当代电气技术进步与社会发展的关系。例如，在讲解新能源技术和电气自动化技术时，教师可以通过回顾历史上的工业革命和技术变革，探讨这些技术如何改变了生产模式和社会生活方式，帮助学生理解技术进步不仅是经济发展的驱动力，也是一种社会变革的力量。

通过这种历史与技术结合的方式，学生能够从历史的角度理解技术进步对社会的推动作用，同时意识到自己作为未来技术工作者，肩负着推动社会进步和维护社会稳定的责任。

2. 技术实践中的思政教育

在技术实践课程中，教师可以通过引入实际工程项目的案例，帮助学生理解技术与社会责任的关系。例如，在"电气设备"课程中，教师可以通过讨论电力设备的维护和安全管理，帮助学生认识到电气工程中的安全责任问题。通过讨论电力设备故障对社会公共安全的影响，学生能够在技术实践中认识到自己未来工作中的道德责任和社会责任。

此外，教师还可以通过组织社会实践活动，让学生参与实际的工程项目。例如，学生可以参与社区电力设施的维护、环保项目中的电力设备安装等，通过实践，学生能够更加深刻地理解技术工作对社会的影响，增强他们的社会责任感和服务社会的意识。这种将技术实践与思政教育结合的方式，能够帮助学生将理论知识转化为实际行动，并在实践中增强其社会责任感和使命感。

思政课程与电气专业课程的融合点在于共同培养学生的社会责任感、使命感和技术创新能力。通过将思政课程中的核心价值观与电气工程课程中的社会服务、科技进步相结合,学校能够在课程设计中实现目标的一致性,使学生在学习技术的同时认识到其社会责任和使命。此外,通过探索思想政治教育与技术实践的结合,学生能够在实际工程项目中深化对思政教育内容的理解,并在实践中增强其社会责任感和职业道德。这种课程融合的设计,能够为培养具备技术能力和社会责任感的全面型人才提供有力支持。

二、建立跨学科的协同教学机制

为了有效推动课程思政与专业课程的深度融合,建立跨学科的协同教学机制是至关重要的。通过联合设计跨学科教学内容,组织跨学科教学工作坊,思政课教师与电气专业教师可以共同探讨如何将思想政治教育内容融入专业教学中,使学生在学习专业知识的过程中自然接受思政教育的熏陶。这种跨学科的协同教学机制能够提升课程的整体教学质量,确保思政教育与专业知识的无缝对接,培养学生全面的综合素养。

(一)联合设计跨学科教学内容

跨学科教学内容的设计是协同教学机制的核心环节。在电气专业课程中,思政课教师和专业课教师可以共同设计教学内容,将思想政治教育元素有机地融入专业知识的教学过程中。例如,思政课教师可以与电气专业教师共同探讨如何在能源技术、智能电网等专业领域中引入爱国主义精神、社会责任感等思政教育内容。

1. 思政元素与专业知识的有机结合

在设计教学内容时,思政课教师可以通过与电气专业教师的紧密合作,将思想政治教育的核心价值观与电气工程技术内容结合起来。例如,在讲授能源技术和智能电网课程时,教师可以讨论国家能源战略的重要性,帮助学生认识到能源安全对于国家发展的关键意义。同时,思政教师可以与专业教师探讨如何在技术分析中融入社会责任感的培养。例如,引导学生讨论可再生能源的开发与环保责任问题,帮助学生在学习技术的同时理解技术的社会影响和国家责任。

通过这种联合设计的方式,课程内容不仅涵盖了专业知识,还能够引导学生从更广泛的社会和政治角度看待技术问题。学生能够在课堂上通过具体的技术案例,如电力供应中的智能电网技术创新,认识到电气工程师在确保国家能源安全、推动技术创新中的责任和使命。

2. 结合国家发展战略与社会责任感

在跨学科的教学设计中，思政教育的重点可以通过国家发展战略和社会责任感的培养来体现。例如，在讲解新能源技术时，思政课教师可以讨论国家的"碳达峰、碳中和"战略目标，并与电气专业的教师共同探讨如何通过技术手段推动这一目标的实现。通过这样的教学设计，学生能够更好地理解技术创新与国家战略之间的关系，增强他们为国家能源安全和环境保护贡献力量的决心。

此外，教师还可以通过对比分析国际能源技术发展与国家能源政策，帮助学生从全球视角理解国家技术战略的必要性，激发他们的爱国主义精神与全球责任感。联合设计的课程内容，能够让学生在学习技术过程中更加自然地接受思想政治教育，达到协同育人的效果。

（二）开展跨学科教学工作坊

为了进一步提升跨学科协同教学的质量，定期组织跨学科教学工作坊是一种有效的方式。在这些工作坊中，思政课教师和电气专业教师可以讨论教学设计、分享教学经验、一起备课。这种跨学科的合作，不仅能够促进教师之间的思维碰撞，还能够为学生提供更加丰富的教学内容，使思政教育与专业知识的结合更加紧密。

1. 共同探讨思政教育与专业教学的结合点

在跨学科教学工作坊中，思政课教师与电气专业教师可以通过案例讨论、集体备课等方式，深入探讨如何将思政教育内容有效融入专业教学中。例如，教师可以讨论如何通过电力设备的安全管理案例，帮助学生理解职业责任感和公共安全意识。同时，通过技术发展的历史案例，教师还可以探讨技术创新与社会变革的关系，帮助学生从技术发展过程中汲取思政教育的内容。

这些讨论和备课活动，能够帮助教师更加明确思政教育的切入点。例如，在讨论能源危机时，思政课教师可以提供关于国家能源政策的背景知识，电气专业教师可以从技术角度分析解决方案，帮助学生从不同角度理解能源问题的复杂性与紧迫性。

2. 分享教学经验与创新教学方式

跨学科教学工作坊不仅是教师之间的交流平台，还是教学创新的有效途径。通过在工作坊中分享教学经验，思政课教师和专业教师可以相互学习，学习对方在教学设计和课堂互动中的优秀做法。例如，思政课教师可以分享如何通过案例分析、角色扮演等方式激发学生的思考,而电气专业教师可以介绍如何通过实验和项目设计提升学生的动手能力,加深其对技术的理解。

通过这些教学创新的分享与实践,教师能够设计出更加丰富、多样化的课程形式。例如,教师可以设计情景模拟的课堂活动,让学生在处理电气工程技术问题时考虑社会责任和环境保护。同时,工作坊也可以促进教师设计更多具有实践性的教学内容,例如带领学生参与社区电力设施维护、能源技术的社会调查等,进一步增强学生的实践能力和社会责任感。

通过建立跨学科的协同教学机制,思政课程与电气专业课程能够实现有机融合。在联合设计教学内容和组织跨学科教学工作坊的过程中,思政课教师与电气专业教师可以共同探讨如何将思政元素融入专业课程,使学生在掌握技术知识的同时,增强社会责任感和使命感。这种协同教学机制不仅能够提升课程的整体教学质量,还能够培养出具有技术能力和思想政治素养的全面型人才。

第四节　电气专业课程思政与思政课程协同育人的效果评估与优化

一、协同育人效果的评估体系

在课程思政与专业课程协同育人模式中,评估体系是衡量教育效果的关键环节。通过科学、全面的评估,能够更好地了解协同育人的实际成效,发现问题并进行改进。建立多维度评估体系和引入多样化的评价手段,是确保课程思政与专业教学效果得到有效评估的重要方式。通过这些方法,学校可以综合评估学生的专业能力和思想政治素养,为课程思政的优化和改进提供数据支持和实践依据。

(一) 建立多维度评估体系

协同育人的效果评估需要从多个维度进行衡量,不仅要考查学生在专业知识和技能方面的掌握情况,还要评估他们在思想政治素养、社会责任感、团队合作精神等方面的成长。这种多维度的评估体系,能够全面反映课程思政与专业课程融合的成效,并为教师和学校提供反馈信息。

1. 专业能力与思想政治素养的双重评估

在电气专业课程评估中，学生的专业能力通常通过考试成绩、实验操作等方式进行评估。然而，在课程思政的框架下，评估不仅要关注学生的技术掌握情况，还应考察其在思想政治素养方面的成长。学校可以通过问卷调查、课堂讨论反馈等方式，了解学生对思政教育内容的理解和接受情况。

例如，在学习能源技术课程时，学生不仅要掌握新能源技术的原理和应用，还要理解国家能源战略和环保责任。教师可以通过期末考核中的综合测评，考查学生对这些知识的掌握情况，同时通过课堂讨论或论文写作，评估他们在社会责任感、国家使命等方面的理解。通过这种双重评估，学校能够获得更加全面的教育效果反馈，确保学生在专业能力和思政教育两方面均能取得进步。

2. 学生思想政治素养的成长评估

思想政治素养的评估是协同育人效果评估中的核心部分。通过设计专门的思想政治素养评估工具，学校可以系统地考查学生在责任感、爱国主义精神、社会服务意识等方面的成长。学校可以通过问卷调查、学生自评与互评等形式，了解学生在学习期间是否增强了对国家发展的认同感，是否具备了更多的社会责任意识。

此外，学校还可以通过毕业生追踪调查的方式，了解学生在毕业后进入工作岗位或社会实践中的表现。例如，学生在进入电气行业后，是否能够在技术工作中自觉践行环保理念，是否具备高度的职业责任感，这些都是评估学生思政素养的重要指标。通过这种毕业生追踪评估，学校可以了解协同育人对学生长远发展的影响，从而对课程设计进行持续优化。

（二）引入多样化的评价手段

为了全面衡量协同育人的效果，学校需要引入多样化的评价手段，不局限于传统的考试成绩，还要通过项目展示、社会实践报告、案例分析等方式，综合评估学生在电气专业中的思政教育接受度和实际运用情况。

1. 项目展示与实践报告的评价

项目展示和社会实践报告是评估学生思政教育接受度的重要手段。通过项目展示，学生可以将自己在课程中所学的技术知识与思想政治教育内容相结合。例如，在完成一个关于智能电网的项目时，学生不仅要展示技术解决方案，还应说明项目在环保、能源节约方面的社会意义。教师可以通过这种形式，考查学生能否将思政教育内容融入实际工程项目中，从而衡量其思政教育的实际应用情况。

社会实践报告可以通过学生在社区服务、企业实习中的实际表现，评估其责任意识和社会服务精神。例如，学生在参与电力设施的维护工作时，可以通过撰写实践报告，反思自己在实践过程中如何践行社会责任，如何平衡技术需求与社会效益。这种基于实践的评价方式，能够更加直观地反映学生在思政教育中的成长与应用。

2. 案例分析与课堂讨论的评估

案例分析是增强学生思辨能力和社会责任感的重要方式。教师可以通过设计现实生活中的工程案例，要求学生分析其中的技术问题与社会责任之间的关系。例如，在分析电力系统故障案例时，学生不仅需要提出技术解决方案，还需要讨论技术失误可能带来的社会影响。通过这种方式，教师可以考查学生是否具备从技术角度与社会角度双重思考问题的能力。

此外，课堂讨论也是评估学生思政教育效果的重要手段。通过设置开放性问题，教师可以引导学生讨论能源危机、环境污染等社会热点问题，并鼓励学生从技术、政策、社会责任等不同角度提出自己的观点。通过这些互动式讨论，教师可以评估学生对思政教育内容的理解和应用情况，并及时给予反馈与指导。

建立多维度的评估体系和引入多样化的评价手段，是确保协同育人成效的关键。通过专业能力与思想政治素养的双重评估，学校可以系统了解学生的全面成长；通过项目展示、社会实践报告、案例分析等多样化的评价方式，能够综合考查学生对思政教育内容的接受度和应用能力。随着评估体系的不断完善，学校能够根据评估结果持续优化课程设计，为培养具备技术能力和社会责任感的全面型人才提供有力支持。

二、协同育人路径的优化与改进

为了提升课程思政与思政课程协同育人的效果，持续优化和改进教学路径是必不可少的。通过基于反馈优化课程内容，并持续更新课程思政案例库，教师可以确保思想政治教育内容更加贴近学生的需求，增强课程的吸引力与时效性。这种优化和改进不仅可以提高课程的教学质量，还能够进一步促进思政教育与专业知识的融合，使学生在全面掌握专业技能的同时，提升思想政治素养，增强社会责任感。

(一) 基于反馈进行课程内容优化

反馈是课程改进的重要依据。课程思政与思政课程协同育人需要通过系统的反馈机制,及时发现课程中的不足,并进行调整与优化。通过学生的反馈意见,教师可以了解当前思政教育内容是否符合学生的认知水平和实际需求,从而在教学设计中进行针对性的改进。

1. 学生反馈中的课程优化方向

在课程思政与专业课程的融合过程中,学生的反馈可以帮助教师发现思政教育与专业知识结合中的薄弱环节。例如,某些思政内容的切入点可能与专业知识脱节,导致学生无法充分理解其背后的社会责任与思想政治教育意义。此时,教师可以根据学生的反馈调整这些内容。例如,在讲授"电力系统分析"课时,教师可以更加注重讨论国家能源战略的具体案例,帮助学生从实际问题出发,更加贴近他们的学习背景与未来职业需求。

通过问卷调查、课堂讨论反馈、期末总结等方式,教师可以广泛收集学生的意见。例如,学生可能反馈某些思政内容过于抽象或理论性强,不易理解。此时,教师可以通过引入更加贴近学生生活和专业实践的实例来优化这些内容。将抽象的思政教育与具体的专业应用结合,能够让学生更好地理解思政教育的现实意义,并在学习过程中提升思想政治素养。

2. 思政教育切入点的优化

思政教育的切入点直接影响其在专业课程中的有效性。在课程设计中,教师可以通过分析反馈意见,发现哪些思政内容最能引发学生的兴趣和思考。例如,关于新能源技术与环境保护责任的讨论,可能更容易引起学生的共鸣。通过优化思政教育的切入点,教师可以引导学生更加积极地参与思政讨论。

例如,教师可以在讲解智能电网技术时,结合国家可再生能源发展政策,引入相关社会责任的讨论。学生不仅可以通过讨论加深对技术的理解,还能够在思政教育中形成对国家战略的认同感和使命感。基于反馈进行的课程优化,可以确保思政教育内容更加符合学生的认知水平和实际需求,提升课程的教育效果。

(二) 持续更新课程思政案例库

随着技术的快速发展与社会环境的变化,课程思政案例库需要不断更新,以确保教学内容的时效性与吸引力。通过引入最新的电气工程动态、国家政策与重大工程案例，教师可以让课程内容保持与时俱进，使学生在掌握专业知识的同时，深入理解社会责任和国家战略。

1. 更新与时俱进的技术案例

电气工程领域的技术发展迅速，新能源、智能电网等前沿技术不断涌现，教师应及时将这些技术进展融入课程思政案例库。例如，教师可以引入最新的电力储能技术案例，讨论其对国家能源安全的贡献；结合国家"碳达峰、碳中和"战略目标，分析新能源技术在实现绿色发展的过程中所面临的机遇与挑战。

这些技术案例的引入，不仅能够帮助学生了解最新的行业动态，还能够通过对技术案例的思政分析，加强他们对社会责任的认识。例如，教师可以通过展示中国在全球新能源技术中的领先地位，激发学生的民族自豪感与爱国主义精神。此外，教师还可以引导学生思考如何通过技术创新实现国家发展目标，从而增强他们的社会责任感和使命感。

2. 结合国家政策与重大工程项目案例

国家政策和重大工程项目是课程思政案例库中的重要内容，通过这些实际案例，学生可以更好地理解专业知识与国家发展的紧密联系。例如，教师可以引入特高压输电项目，讨论其在保障国家能源安全、提升能源利用效率方面的作用。通过分析该项目在技术实现、环保效益等方面的贡献，学生能够深刻理解技术与社会的相互作用。

此外，教师还可以结合国家最新出台的电气行业政策，例如新能源发展规划、电网改造等，帮助学生了解电气工程在国家战略中的关键地位。通过这些案例，学生能够将自己所学的专业知识与国家需求相结合，认识到自己未来在推动国家技术进步、实现社会发展中的责任与使命。

通过基于反馈进行课程内容优化和持续更新课程思政案例库，学校可以不断提升协同育人的效果。反馈机制帮助教师及时发现课程中的不足，并通过调整思政教育的切入点，使其更加符合学生的实际需求；通过更新技术案例、引入国家政策与重大工程项目案例，课程思政的案例库可以保持时效性和吸引力，确保学生在掌握专业知识的同时，提升思想政治素养，增强社会责任感。通过这些优化与改进，协同育人路径将更加科学高效，为培养全面发展的电气工程人才提供坚实的保障。

三、推动电气专业的思政育人长效机制建设

在电气专业课程中,思政教育不仅是帮助学生掌握专业知识的补充,更是提升其思想政治素养、增强社会责任感的必要手段。要确保课程思政能够持续发挥作用,就需要构建一套长效机制,使思政教育贯穿于学生的整个学习过程,并通过加强行业与高校的合作,将理论与实践有机结合,推动电气专业的思政育人工作深入发展。

(一)建立电气专业课程思政的长效机制

为了确保电气专业的思政教育能够在学生学习期间持续进行,学校应制订并实施一套长期的课程思政规划,使思政教育不局限于某几门课程,而是贯穿于整个专业学习过程中。同时,课程思政内容也应随着电气工程技术的发展和国家需求的变化进行动态调整,确保思政内容始终具有时效性和相关性。

1. 制订课程思政的长期规划

课程思政的长效机制建设需要一套完整的长期规划,明确在电气专业的每个学习阶段中思政教育的目标和内容。例如,在学生的基础阶段,思政教育的重点可以是培养他们的爱国主义精神和社会责任感,通过讨论国家能源战略、环保政策等内容,使学生对国家发展和社会责任有一个初步的认识。在专业课程的深入阶段,思政教育的重点可以转向职业责任和科技伦理,通过案例分析和实际项目的参与,帮助学生在学习技术知识的同时,认识到其未来工作的社会责任。

这种长期规划不仅要为每个学习阶段设定具体的思政教育目标,还应根据电气工程技术的发展变化进行不断更新。例如,随着新能源技术的进步,课程思政内容也应加入更多关于绿色能源、节能环保的讨论,帮助学生理解这些技术的社会意义和国家需求。这种动态的规划设计能够确保思政教育与电气专业的发展保持同步。

2. 建立课程思政育人体系

要确保思政教育在电气专业中的有效实施,需要建立一套完整的育人体系,使思政内容能够系统化、常态化地融入专业课程中。这一体系应包括课程内容设计、教学方法选择、实践活动安排等多个方面。例如,学校可以在每门电气专业核心课程中设立思政教育环节,要求教师在教授技术知识的同时,结合相关思政元素进行讨论和引导。

此外，课程思政育人体系还应注重理论与实践的结合。例如，学校可以安排学生参与社会实践、参观行业企业，甚至让学生参与国家重大工程项目，让他们在实际工作中体会到技术工作与社会责任的紧密联系。通过这种全方位的思政育人体系，学生能够在专业学习的每一个阶段都接受到系统的思政教育，帮助他们逐步形成正确的职业观和价值观。

（二）加强行业与高校的合作

为了提升课程思政的实际效果，学校还可以通过与电力行业和相关企业的合作，借助行业资源推进思政育人。行业和企业在技术实践、职业教育和社会责任方面有着丰富的经验，能够为学生提供真实的实践场景和资源，帮助他们更好地理解所学知识的社会意义。

1. 组织学生参观电力企业与工程项目

通过组织学生参观电力企业和重大工程项目，学生能够直观地感受到电气工程技术在国家经济建设中的实际应用。例如，学生可以参观特高压输电项目或新能源发电站，了解这些项目如何为国家的能源安全和环境保护做出贡献。在参观过程中，教师可以通过实际案例分析，引导学生讨论技术与社会责任、技术创新与国家需求之间的关系，帮助学生形成强烈的社会责任感和爱国主义精神。

这种实践活动不仅能够使学生加深对专业技术的理解，还能够在实际场景中感受到自己未来职业的社会影响。通过与企业的合作，学校可以为学生提供更多接触实际工作的机会，使理论学习与实际工作紧密结合，提升思政教育的效果。

2. 参与重大工程项目，强化责任意识

在学生的实践阶段，学校可以通过与行业企业的合作，安排学生参与国家重大工程项目。例如，学校可以与电力企业合作，安排学生参与新能源项目的技术研发、设备维护等工作。在这些项目中，学生不仅可以学到最新的技术知识，还能够通过亲身参与，深刻理解技术工作的社会影响和责任。

通过这种实际项目的参与，学生能够在实践中强化自己的责任意识和职业道德感。例如，通过参与电力设备的维护和管理，学生会意识到技术操作的细微失误可能会影响到社会的正常运转，进一步增强他们的社会责任感。这种实践活动不仅是对学生技术能力的培养，更是对他们的思想政治素养的全面提升。

推动电气专业的思政育人长效机制建设，是确保思政教育能够在学生学习过程中长期发挥作用的重要路径。通过建立一套完整的课程思政育人体系，并通过与行业企业的紧密合作，学校能够为学生提供一个理论与实践相结合的学习环境，使他们在掌握专业知识的同时，增强思想政治素养和社会责任感。随着思政育人机制的不断完善，电气专业的学生将能够成为既具备专业的技术能力，又具备强烈的社会责任感和爱国主义精神的全面型人才。

参考文献

[1] 谢瑜，等．思政课程与课程思政融合的教学研究［M］．成都：西南交通大学出版社，2021．

[2] 金丽馥，王玉忠，吴奕，等．润物无声：思政课程与课程思政"江大元素"汇编［M］．镇江：江苏大学出版社，2021．

[3] 陈华栋，等．课程思政：从理念到实践［M］．上海：上海交通大学出版社，2020．

[4] 冯军．课程思政融合探索［M］．武汉：武汉大学出版社，2024．

[5] 上海大学课程思政教学研究中心．课程思政教学设计［M］．上海：上海大学出版社，2022．

[6] 周乐成，陈艳波．哲学教育与课程思政［M］．贵阳：贵州大学出版社，2022．

[7] 孙来晶．新时代背景下高校课程思政与思政课程育人体系建设研究［M］．长春：北方妇女儿童出版社，2022．

[8] 石瑞宝．课程思政：理念设计与实践［M］．南京：东南大学出版社，2023．

[9] 戴谨忆．中国戏曲课程思政研究［M］．北京：中国戏剧出版社，2023．

[10] 郭莉萍．叙事医学课程思政指南［M］．北京：中国科学技术出版社，2023．

[11] 朱玉华．高职课程思政探索与实践［M］．长沙：湖南大学出版社，2023．

[12] 范宝祥，张恩祥．课程思政案例选编［M］．北京：中国政法大学出版社，2021．

[13] 马建辉．课程思政教学案例：第 1 辑［M］．武汉：华中科技大学出版社，2022．

[14] 蒋瑛．高校课程思政的思考与探索［M］．成都：四川大学出版社，2022．

[15] 宗爱东．课程思政：一场深刻的改革［M］．上海：上海人民出版社，2022．

[16] 王金平，张艳国．课程思政案例选编［M］．南昌：江西人民出版社，2022．

[17] 张浩．国际中文本科教育课程思政指南［M］．北京：北京理工大学出版

社，2023.

[18] 张浩. 国际中文本科教育课程思政研究［M］. 北京：北京理工大学出版社，2023.

[19] 夏纪军. 博弈论课程思政案例精选［M］. 上海：上海财经大学出版社，2023.

[20] 张明新，金凌志. 新闻传播学课程思政教学案例［M］. 武汉：华中科技大学出版社，2023.

[21] 朱晓菱. 高校体育课程思政设计与探索［M］. 上海：上海大学出版社，2023.

[22] 苏杭. 新时代思政课程建设研究［M］. 长春：吉林大学出版社，2023.

[23] 杨春平，黄蘋. 职业教育课程思政类型特色论［M］. 重庆：重庆大学出版社，2023.

[24] 李平亮，石嘉. 课程思政教学案例汇编［M］. 南昌：江西人民出版社，2021.

[25] 张颖，唐娇，陈畅. 形象与礼仪：课程思政版［M］. 北京：北京理工大学出版社，2021.

[26] 郭莉，张鸣胜. 法学课程群课程思政研究［M］. 南京：东南大学出版社，2022.

[27] 周照兴，何鹃，梁蔚菁. 高校英语课程思政教学与实践［M］. 北京：中国书籍出版社，2024.

[28] 王鹤. 新时代艺术学课程思政100例［M］. 天津：天津大学出版社，2024.